101 CONVERSATIONS IN SIMPLE SPANISH

Short Natural Dialogues to
Boost Your Confidence &
Improve Your Spoken Spanish

Written by Olly Richards

Edited by Connie Au-Yeung

Copyright © 2020 Olly Richards Publishing Ltd.

All rights reserved. No part of this publication may be reproduced, distributed or transmitted in any form or by any means, including photocopying, recording, or other electronic or mechanical methods, without the prior written permission of the publisher, except in the case of brief quotations embodied in critical reviews and certain other non-commercial uses permitted by copyright law. For permission requests, write to the publisher:

> Olly Richards Publishing Ltd.
>
> olly@iwillteachyoualanguage.com

Trademarked names appear throughout this book. Rather than use a trademark symbol with every occurrence of a trademarked name, names are used in an editorial fashion, with no intention of infringement of the respective owner's trademark.

The information in this book is distributed on an "as is" basis, without warranty. Although every precaution has been taken in the preparation of this work, neither the author nor the publisher shall have any liability to any person or entity with respect to any loss or damage caused or alleged to be caused directly or indirectly by the information contained in this book.

101 Conversations in Simple Spanish: Short Natural Dialogues to Boost Your Confidence & Improve Your Spoken Spanish

ISBN: 978-1-09-983585-8

FREE "STORY LEARNING" KIT

Discover how to learn foreign languages faster & more effectively through the power of story.

Your free video masterclasses, action guides & handy printouts include:

- A simple six-step process to maximise learning from reading in a foreign language
- How to double your memory for new vocabulary from stories
- Planning worksheet (printable) to learn faster by reading more consistently
- Listening skills masterclass: "How to effortlessly understand audio from stories"
- How to find willing native speakers to practise your language with

To claim your FREE "Story Learning" Kit, visit:

https://www.iwillteachyoualanguage.com/kit

WE DESIGN OUR BOOKS TO BE INSTAGRAMMABLE!

Post a photo of your new book to Instagram using #storylearning and you'll get an entry into our monthly book giveaways!

Tag us **@ORP_books** to make sure we see you!

BOOKS BY OLLY RICHARDS

Olly Richards writes books to help you learn languages through the power of story. Here is a list of all currently available titles:

Short Stories in Danish For Beginners
Short Stories in Dutch For Beginners
Short Stories in English For Beginners
Short Stories in French For Beginners
Short Stories in German For Beginners
Short Stories in Icelandic For Beginners
Short Stories in Italian For Beginners
Short Stories in Norwegian For Beginners
Short Stories in Brazilian Portuguese For Beginners
Short Stories in Russian For Beginners
Short Stories in Spanish For Beginners
Short Stories in Swedish For Beginners
Short Stories in Turkish For Beginners

Short Stories in Arabic for Intermediate Learners
Short Stories in English for Intermediate Learners

Short Stories in Italian for Intermediate Learners
Short Stories in Korean for Intermediate Learners
Short Stories in Spanish for Intermediate Learners

101 Conversations in Simple English
101 Conversations in Simple French
101 Conversations in Simple German
101 Conversations in Simple Italian
101 Conversations in Simple Spanish

101 Conversations in Intermediate English
101 Conversations in Intermediate French
101 Conversations in Intermediate German
101 Conversations in Intermediate Italian
101 Conversations in Intermediate Spanish

All titles are also available as audiobooks.

For more information visit Olly's author page at:
http://iwillteachyoualanguage.com/amazon

ABOUT THE AUTHOR

Olly Richards is a foreign language expert and teacher who speaks eight languages and has authored over 20 books. He has appeared in international press including the BBC, Independent, El País, and Gulf News. He has also featured in a BBC documentary and authored language courses for the Open University.

Olly started learning his first foreign language at the age of 19, when he bought a one-way ticket to Paris. With no exposure to languages growing up, and no natural talent for languages, Olly had to figure out how to learn French from scratch. Twenty years later, Olly has studied languages from around the world and is considered an expert in the field.

Through his books and website, I Will Teach You A Language, Olly is known for teaching languages through the power of story – including the book you are holding in your hands right now!

You can find out more about Olly, including a library of free training, at his website:

https://www.iwillteachyoualanguage.com

CONTENTS

Introduction xv
How to Use this Book xvii
The Five-Step Reading Process xxiii
Misterio en Madrid 1
Character Profiles 3
Introduction to the Story 5
1. NURIA Y ALICIA 6
2. El viaje al mercado 8
3. El Mercado de las Ranas 10
4. La tienda del señor Rodolfo García 12
5. Unos dibujos muy especiales 14
6. ¿Cómo llegaron aquí? 16
7. La llamada 18
8. Un hombre sospechoso 20
9. La noticia 22
10. El segundo robo 24
11. Alicia y Nuria en el café 26
12. El próximo paso 28
13. En la mansión de Lorenzo Reyes 30
14. La recompensa 32
15. La llave 34
16. La investigación 36
17. La interrupción 38
18. Lorenzo y Mariana 40
19. La segunda colección 42
20. El empleado de limpieza 44
21. La caja de metal 46
22. Carlos 48
23. El jardinero 50
24. Facundo 52
25. El primer sospechoso 54
26. Los cocineros 56
27. La discusión 58
28. La niñera 60

29. El empleado de seguridad 62
30. Daniel 64
31. Las grabaciones 66
32. La persona de las grabaciones 68
33. Dos sombreros 70
34. Las conclusiones 72
35. Nuria y Mariana Reyes regresan 74
36. La promesa 76
37. Alicia cuenta a Nuria lo que sabe 78
38. Nuria cuenta a Alicia lo que sabe 80
39. ¡Ahí está otra vez! 82
40. Persiguiendo al hombre del sombrero 84
41. El callejón 86
42. La tienda de libros de arte 88
43. Cara a cara con el hombre del sombrero 90
44. El Club de los Historiadores 92
45. Lo que el hombre del sombrero hacía en el Mercado 94
46. Lo que el hombre del sombrero hizo luego 96
47. Los sospechosos 98
48. El hombre del sombrero desaparece 100
49. Andrea en el mercado 102
50. Nuevamente en la tienda de Rodolfo García 104
51. El recuerdo 106
52. Nuria y Alicia dudan del señor Rodolfo García 108
53. En el restaurante 110
54. El plan 112
55. Nuevamente en la casa de los Reyes 114
56. La prueba 116
57. El llanto 118
58. La confesión de Mariana 120
59. El trueque 122
60. Little Nemo 124
61. Mariana, arrepentida 126
62. El pedido de Mariana a Rodolfo García 128
63. El perdón 130
64. La policía 132
65. La llamada telefónica 134
66. La reunión en el parque 136

67. El plan con la detective Sánchez 138
68. El interrogatorio 140
69. Un nuevo sospechoso 142
70. La búsqueda de Manuel Valverde 144
71. La última ubicación 146
72. El viaje a San Sebastián 148
73. La feria de arte de San Sebastián 150
74. La persecusión 152
75. Manuel Valverde 154
76. La historia de Manuel 156
77. La llamada inexistente 158
78. El engaño 160
79. El viaje de regreso 162
80. La huída 164
81. La persecución 166
82. Las bicicletas 168
83. La caída 170
84. El plan 172
85. La distracción 174
86. La discusión 176
87. ¡El arma! 178
88. Pepe 180
89. El maletín 182
90. Rodolfo García despierta 184
91. La partida de Rodolfo García 186
92. El regreso de las obras 188
93. La donación 190
94. La recompensa 192
95. La inauguración 194
96. La oferta 196
97. La segunda oferta 198
98. El discurso de Lorenzo Reyes 200
99. El mapa 202
100. Un invitado especial 204
101. Los reyes 206

INTRODUCTION

If you've ever tried speaking Spanish with a stranger, chances are it wasn't easy! You might have felt tongue-tied when you tried to recall words or verb conjugations. You might have struggled to keep up with the conversation, with Spanish words flying at you at 100mph. Indeed, many students report feeling so overwhelmed with the experience of speaking Spanish in the real world that they struggle to maintain motivation. The problem lies with the way Spanish is usually taught. Textbooks and language classes break Spanish down into rules and other "nuggets" of information in order to make it easier to learn. But that can leave you with a bit of a shock when you come to actually speak Spanish out in the real world: "People don't speak like they do in my textbooks!" That's why I wrote this book.

101 Conversations in Simple Spanish prepares you to speak Spanish in the real world. Unlike the contrived and unnatural dialogues in your textbook, the 101 authentic conversations in this book offer you simple but authentic spoken Spanish that you can study away from the pressure of face-to-face conversation. The conversations in this book tell the story of six people in Madrid. You'll experience the story by following the conversations the characters have with one another. Written entirely in spoken Spanish, the conversations give you the authentic experience of reading real Spanish in a format that is convenient and accessible for a beginner (A2 on the Common European Framework of Reference).

The extensive, story-based format of the book helps you get used to spoken Spanish in a natural way, with the words and phrases you see gradually emerging in your own spoken Spanish as you learn them naturally through your reading. The book is packed with engaging learning material including short dialogues that you can finish in one sitting, helpful English definitions of difficult words, scene-setting introductions to each chapter to help you follow along, and a story that will have you gripped until the end. These learning features allow you to learn and absorb new words and phrases, and then activate them so that, over time, you can remember and use them in your own spoken Spanish. You'll never find another way to get so much practice with real, spoken Spanish!

Suitable for beginners and intermediate learners alike, *101 Conversations in Simple Spanish* is the perfect complement to any Spanish course and will give you the ultimate head start for using Spanish confidently in the real world! Whether you're new to Spanish and looking for an entertaining challenge, or you have been learning for a while and want to take your speaking to the next level, this book is the biggest step forward you will take in your Spanish this year.

If you're ready, let's get started!

HOW TO USE THIS BOOK

There are many possible ways to use a resource such as this, which is written entirely in Spanish. In this section, I would like to offer my suggestions for using this book effectively, based on my experience with thousands of students and their struggles.

There are two main ways to work with content in a foreign language:

1. Intensively
2. Extensively

Intensive learning is when you examine the material in great detail, seeking to understand all the content - the meaning of vocabulary, the use of grammar, the pronunciation of difficult words, etc. You will typically spend much longer with each section and, therefore, cover less material overall. Traditional classroom learning, generally involves intensive learning. *Extensive* learning is the opposite of intensive. To learn extensively is to treat the material for what it is – not as the object of language study, but rather as content to be enjoyed and appreciated. To read a book for pleasure is an example of extensive reading. As such, the aim is not to stop and study the language that you find, but rather to read (and complete) the book.

There are pros and cons to both modes of study and, indeed, you may use a combination of both in your approach.

However, the "default mode" for most people is to study *intensively*. This is because there is the inevitable temptation to investigate anything you do not understand in the pursuit of progress and hope to eliminate all mistakes. Traditional language education trains us to do this. Similarly, it is not obvious to many readers how extensive study can be effective. The uncertainty and ambiguity can be uncomfortable: "There's so much I don't understand!"

In my experience, people have a tendency to drastically overestimate what they can learn from intensive study, and drastically underestimate what they can gain from extensive study. My observations are as follows:

- **Intensive learning**: Although it is intuitive to try to "learn" something you don't understand, such as a new word, there is no guarantee you will actually manage to "learn" it! Indeed, you will be familiar with the feeling of trying to learn a new word, only to forget it shortly afterwards! Studying intensively is also time-consuming meaning you can't cover as much material.

- **Extensive learning**: By contrast, when you study extensively, you cover huge amounts of material and give yourself exposure to much more content in the language than you otherwise would. In my view, this is the primary benefit of extensive learning. Given the immense size of the task of learning a foreign language, extensive learning is the only way to give yourself the exposure to the language that you need in order to stand a chance of acquiring it. You simply can't learn everything you need in the classroom!

When put like this, extensive learning may sound quite compelling! However, there is an obvious objection: "But how do I *learn* when I'm not looking up or memorising things?" This is an understandable doubt if you are used to a traditional approach to language study. However, the truth is that you can learn an extraordinary amount *passively* as you read and listen to the language, but only if you give yourself the opportunity to do so! Remember, you learned your mother tongue passively. There is no reason you shouldn't do the same with a second language!

Here are some of the characteristics of studying languages extensively:

Aim for completion When you read material in a foreign language, your first job is to make your way through from beginning to end. Read to the end of the chapter or listen to the entire audio without worrying about things you don't understand. Set your sights on the finish line and don't get distracted. This is a vital behaviour to foster because it trains you to enjoy the material before you start to get lost in the details. This is how you read or listen to things in your native language, so it's the perfect thing to aim for!

Read for gist The most effective way to make headway through a piece of content in another language is to ask yourself: "Can I follow the gist of what's going on?" You don't need to understand every word, just the main ideas. If you can, that's enough! You're set! You can understand and enjoy a great amount with gist alone, so carry on through the material and enjoy the feeling of making progress! If the material is so hard that you struggle to understand even the gist, then my advice for you would be to consider easier material.

Don't look up words As tempting as it is to look up new words, doing so robs you of time that you could spend reading the material. In the extreme, you can spend so long looking up words that you never finish what you're reading. If you come across a word you don't understand... Don't worry! Keep calm and carry on. Focus on the goal of reaching the end of the chapter. You'll probably see that difficult word again soon, and you might guess the meaning in the meantime!

Don't analyse grammar Similarly to new words, if you stop to study verb tenses or verb conjugations as you go, you'll never make any headway with the material. Try to *notice* the grammar that's being used (make a mental note) and carry on. Have you spotted some unfamiliar grammar? No problem. It can wait. Unfamiliar grammar rarely prevents you from understanding the gist of a passage but can completely derail your reading if you insist on looking up and studying every grammar point you encounter. After a while, you'll be surprised by how this "difficult" grammar starts to become "normal"!

You don't understand? Don't worry! The feeling you often have when you are engaged in extensive learning is: "I don't understand". You may find an entire paragraph that you don't understand or that you find confusing. So, what's the best response? Spend the next hour trying to decode that difficult paragraph? Or continue reading regardless? (Hint: It's the latter!) When you read in your mother tongue, you will often skip entire paragraphs you find boring, so there's no need to feel guilty about doing the same when reading Spanish. Skipping difficult passages of text may feel like cheating, but it can, in fact, be a mature approach to reading that allows you to make progress through the material and, ultimately, learn more.

If you follow this mindset when you read Spanish, you will be training yourself to be a strong, independent Spanish learner who doesn't have to rely on a teacher or rule book to make progress and enjoy learning. As you will have noticed, this approach draws on the fact that your brain can learn many things naturally, without conscious study. This is something that we appear to have forgotten with the formalisation of the education system. But, speak to any accomplished language learner and they will confirm that their proficiency in languages comes not from their ability to memorise grammar rules, but from the time they spend reading, listening to, and speaking the language, enjoying the process, and integrating it into their lives.

So, I encourage you to embrace extensive learning, and trust in your natural abilities to learn languages, starting with… The contents of this book!

THE FIVE-STEP READING PROCESS

Here is my suggested five-step process for making the most of each conversation in this book:

1. Read the short introduction to the conversation. This is important, as it sets the context for the conversation, helping you understand what you are about to read. Take note of the characters who are speaking and the situation they are in. If you need to refresh your memory of the characters, refer to the character introductions at the front of the book.

2. Read the conversation all the way through without stopping. Your aim is simply to reach the end of the conversation, so do not stop to look up words and do not worry if there are things you do not understand. Simply try to follow the gist of the conversation.

3. Go back and read the same conversation a second time. If you like, you can read in more detail than before, but otherwise simply read it through one more time, using the vocabulary list to check unknown words and phrases where necessary.

4. By this point, you should be able to follow the gist of the conversation. You might like to continue to read the same conversation a few more times until you feel confident. This is time well-spent and with each repetition you will gradually build your understanding of the content.

5. Move on! There is no need to understand every word in the conversation, and the greatest value to be derived from the book comes from reading it through to completion! Move on to the next conversation and do your best to enjoy the story at your own pace, just as you would any other book.

At every stage of the process, there will inevitably be words and phrases you do not understand or passages you find confusing. Instead of worrying about the things you *don't* understand, try to focus instead on everything that you *do* understand, and congratulate yourself for the hard work you are putting into improving your Spanish.

MISTERIO EN MADRID

(Mystery in Madrid)

CHARACTER PROFILES

Nuria

Nuria is a very observant and curious young woman. She studied History of Art at Oxford University in England. Her parents are Catalan but she has lived in England all of her life. She loves to read, visit museums and draw.

Alicia

Alicia is a 28-year-old writer who writes mystery novels for an important Spanish publishing company. She lives in England, with Nuria, but she loves to travel in Spain, her native country. Unlike Nuria, she does not like history and does not know much about art. She prefers reading mystery novels, watching horror movies and loves the outdoors.

Lorenzo Reyes

Lorenzo Reyes is a wealthy middle-aged man. He is the father of a young girl, named Mariana. Lorenzo has always been an avid art collector and his most prised collection contains a number of important 18th century Spanish art works, including a number of paintings by the legendary Spanish artists, Francisco de Goya.

Mariana Reyes

Mariana is the daughter of Lorenzo and she has inherited his love for collections. Mariana's greatest passion is her collection of rare comics, which she passes her days reading in her bedroom.

Rodolfo García

Rodolfo García is an antiques dealer who has a shop in one of Madrid's oldest antiques markets. Rodolfo is known for not being picky about the objects he receives. He will accept stolen objects and is just as ready to swindle the sellers he obtains objects from as he is to prey on innocent buyers. However, Rodolfo doesn't know very much about art, so he would not be capable of recognising a truly valuable work, even if it was right under his nose.

El Hombre del Sombrero

This mysterious character has been seen visiting Madrid's antiques market and museums a lot lately. Nobody knows much about him, except that he seems to have a passion for art and history and he always keeps the brim of his hat down so it is hard to catch a clear glimpse of his face.

INTRODUCTION TO THE STORY

Nuria, a young art historian, travels to Spain with her friend, Alicia.

One day, while wandering through an antiques market in Madrid, the friends see a collection of beautiful paintings which immediately draw Nuria's attention. Before long, Nuria recognises one of the paintings as an original work by the legendary Spanish painter Francisco de Goya. But why would one of Goya's paintings be on sale in an old antiques market?

Nuria and Alice decide to speak with the owner of the market stall to find out. The stall owner, Rodolfo García, tells them that a few days ago, a strange man sold him the paintings. He explains however, that he did not realise they were original works and that he did not pay very much for them. Nuria begins to worry, realising that the artwork must be stolen.

Rodolfo promises the girls that he will contact a friend who is an expert in Spanish art and ask him to examine the paintings and verify their authenticity. He tells them that if the paintings turn out to be stolen, he will call the police the next day to report the crime. Nuria and Alicia decide to take Rodolfo at his word and leave the market, promising to return the next day to find out what happens. But as they leave, neither of them can shake the feeling that something is not right about the whole situation….

1. NURIA Y ALICIA

Nuria y Alicia están de vacaciones en Madrid. Se conocen desde la universidad, hace varios años. Nuria es historiadora del arte y Alicia es escritora de libros de misterios. Están en el hotel, en el primer día de su viaje. Es un día muy soleado y caluroso.

Alicia: ¡Buen día, Nuria! ¿Cómo has dormido?

Nuria: ¡Muy bien! ¿Y tú?

Alicia: Muy bien también. ¿Qué quieres hacer hoy?

Nuria: Mmm…. ¡Tengo ganas de ir a un mercado!

Alicia: ¡Genial! ¿Un mercado de comida?

Nuria: No, quiero ir a un mercado de antigüedades.

Alicia: Suena bien. ¿Conoces alguno?

Nuria: No, voy a buscar en mi móvil…. ¡Aquí hay uno! Se llama 'El Mercado de las Ranas'.

Alicia: ¡Qué nombre gracioso!

Nuria: Sí, es verdad.

Alicia: ¿Abre los sábados?

Nuria: Sí, abre todos los sábados desde las 10:30. Ahora son las 11.

Alicia: ¡Perfecto! ¿Dónde se encuentra?

Nuria: En el barrio de Las Letras…. Es algo lejos. Podemos ir en taxi.

Alicia: Me parece bien, ¡vamos!

Vocabulario

soleado sunny
tengo ganas I feel like / I want to
mercado de antigüedades flea market
suena bien sounds good
las ranas frogs
se encuentra it is found
algo lejos a bit far
me parece bien seems good to me

2. EL VIAJE AL MERCADO

Nuria y Alicia salen del hotel y buscan un taxi para ir al Mercado de las Ranas.

Nuria: No veo ningún taxi. ¿Y tú?

Alicia: ¡Allí viene uno! Levanta la mano.

Nuria: Hola, señor.

Taxista: Hola, muchachas. ¿A dónde vais?

Alicia: Vamos al Mercado de las Ranas.

Taxista: Es en el barrio de Las Letras, ¿verdad?

Nuria y Alicia: ¡Sí!

Taxista: Muy bien. Allá vamos. ¿Vais a comprar antigüedades?

Nuria: Tal vez. Yo soy historiadora del arte. Me gustan mucho las antigüedades.

Taxista: ¡Qué interesante! Madrid es una ciudad llena de arte. ¿Tú también eres historiadora del arte?

Alicia: No, yo soy escritora.

Taxista: ¡Muy bien! ¿Qué escribes?

Alicia: Escribo libros de misterio.

Taxista: ¡Qué interesante! En el Mercado de las Ranas también hay misterios….

Alicia: ¿De verdad?

Taxista: ¡Claro! En el Mercado de las Ranas hay muchos objetos robados….

Vocabulario

allí there
levantar raise
llenar full
robados stolen

3. EL MERCADO DE LAS RANAS

Nuria y Alicia llegan al hermoso Mercado de las Ranas.

Alicia: ¡Wow! Mira cuántas cosas, Nuria.

Nuria: ¡Es genial! Veo muchas tiendas. Hay mucha gente también.

Alicia: ¡Mira este reloj! ¿Es antiguo?

Nuria: Sí, parece muy antiguo.

Alicia: ¿Y esa pintura? ¿Es original?

Nuria: Sí, parece original.

Alicia: ¿Piensas que es cara?

Nuria: No lo creo. Preguntemos…. Buen día, señor. ¿Cuánto cuesta esa pintura?

Vendedor: Buen día. Cuesta 50 euros. ¿La llevais?

Alicia: No gracias. Solo preguntamos.

Nuria: Y el reloj, ¿cuánto cuesta?

Vendedor: El reloj vale 130 euros. Es un reloj muy antiguo.

Nuria: ¡Gracias!

Alicia: ¿Crees que es robado?

Nuria: ¡No lo sé! ¡Puede ser! No hay forma de saberlo.

Alicia: Mira esa pequeña tienda. Se ve interesante. ¿Quieres ir?

Nuria: Claro, vamos.

Vocabulario

el reloj clock / wrist watch
la pintura painting
crees que do you think
puede ser could be
la forma way
parece it seems
se ve it looks

4. LA TIENDA DEL SEÑOR RODOLFO GARCÍA

Nuria y Alicia entran en una pequeña tienda de antigüedades en el Mercado de las Ranas.

Rodolfo García: ¡Buenos días, muchachas!

Nuria y Alicia: ¡Buenos días!

Rodolfo García: Me llamo Rodolfo García y ésta es mi tienda. Podéis preguntarme lo que sea.

Nuria: Encantada. Vamos a mirar.

Rodolfo García: ¡Excelente!

Alicia: Mira cuántas cosas bonitas. Tiene muchas obras de arte. ¿Te gustan?

Nuria: Sí, hay cosas muy bonitas. Hay muchas pinturas, esculturas, dibujos, libros… ¡hasta hay libros de cómics!

Alicia: ¿Crees que algunos son robados?

Nuria: Jajajaja, no lo sé. ¿Por qué?

Alicia: ¡Me gustan los misterios!

Nuria: Aquí no hay misterios, Alicia, solo hay arte…. ¡Espera! ¡Mira esto! ¡No puede ser!

Vocabulario

lo que sea whatever
vamos a mirar we're going to look around
las obras de arte artworks
las esculturas sculptures
los dibujos drawings
¡No puede ser! No way!

5. UNOS DIBUJOS MUY ESPECIALES

En una tienda del Mercado de las Ranas, Nuria ve unos dibujos que llaman mucho su atención.

Nuria: ¡Yo conozco estos dibujos! Son de Goya.

Alicia: ¿Quién es Goya?

Nuria: Goya era un pintor español del siglo 18. ¡El más importante de la historia de España!

Alicia: ¿Estás segura de que son de Goya esos dibujos?

Nuria: Sí, estoy segura. Los estudié en la Universidad.

Alicia: ¿Crees que son originales?

Nuria: Sí, estoy casi segura. Parecen originales…. ¡Pero no puede ser! ¿Qué hacen aquí? ¡Tienen un precio de solo 100 euros!

Alicia: ¿Deben estar en un museo?

Nuria: Sí, deben estar en un museo, en una galería o en una colección.

Alicia: ¿Qué hacemos?

Nuria: No lo sé. ¿Le preguntamos al dueño de la tienda?

Alicia: Sí, es lo correcto.

Vocabulario

llaman mucho su atención get their attention
conocer to be familiar with
el siglo century
¿estás segura? are you sure
deber to have to (should / must)
el dueño owner
es lo correcto it's the right thing to do

6. ¿CÓMO LLEGARON AQUÍ?

Nuria y Alicia le muestran a Rodolfo García los dibujos que han encontrado en su tienda y Nuria le explica que cree que los dibujos son originales de Goya.

Rodolfo García: ¡¿Dices que Goya hizo estos dibujos?!

Nuria: Sí, estoy casi segura. Yo soy historiadora del arte. Conozco las obras de Goya. Conozco sus pinturas y sus dibujos. Estos dibujos son de Goya.

Rodolfo García: ¡No lo puedo creer!

Alicia: ¿Qué hacen aquí? ¿Cómo llegaron?

Rodolfo García: No lo sé. Mucha gente trae obras. Yo las compro y luego las vendo a los visitantes.

Alicia: ¿Recuerda quién trajo estos dibujos?

Rodolfo García: Sí, creo que fue un hombre…. No recuerdo bien su rostro.

Alicia: ¿Cuándo llegaron estos dibujos a la tienda?

Rodolfo García: Esta mañana, hace un rato.

Nuria: ¿Piensa que los dibujos son robados?

Rodolfo García: ¡Es probable!

Vocabulario

¡No lo puedo creer! I can't believe it!
llegar to arrive
recordar to remember
el rostro face
hace un rato a little while ago

7. LA LLAMADA

Rodolfo García dice a Nuria y Alicia que tiene una posible solución para el problema de los dibujos de Goya.

Alicia: ¿Qué hacemos?

Rodolfo García: ¡Tengo una idea! Tengo un amigo que también es historiador del arte. Es experto en arte español. Se llama Manuel Valverde. Sin duda, él puede decir si son realmente obras de Goya. Si son de Goya, llamamos a la policía.

Nuria: Me parece muy bien.

Alicia: Es una excelente idea.

Rodolfo García: Haré la llamada ahora mismo…. ¡Hola! Hola, Manuel. Necesito un favor. ¿Puedes venir a mi tienda? Hay unas obras que parecen ser originales de Goya. ¡Sí, de Goya! Vale, te espero. ¡Adios!

Alicia: ¿Su amigo vendrá ahora?

Rodolfo García: Dice que no está en la ciudad. Pero vendrá mañana mismo. ¿Queréis venir vosotras también?

Nuria: Sí, me parece bien. Quiero conocer a su amigo, el experto, y quiero ver las obras con él.

Rodolfo García: Os espero mañana.

Nuria y Alicia: ¡Hasta mañana!

Vocabulario

sin duda without a doubt
ahora mismo right now
vale okay (Spain)
te espero I'll wait for you
mañana mismo tomorrow morning
os you (all)

8. UN HOMBRE SOSPECHOSO

Nuria y Alicia salen de la tienda para volver al hotel. Antes de tomar un taxi, Alicia le dice a Nuria que alguien llamó su atención en la tienda.

Alicia: Hay un hombre extraño en la tienda.

Nuria: ¿Hablas de Rodolfo García?

Alicia: No. Hay otro hombre, un visitante.

Nuria: ¿Cómo es?

Alicia: Es alto y tiene un sombrero…. ¡Ahí va! Es ese que sale ahora de la tienda y va caminando.

Nuria: ¿Crees que es sospechoso?

Alicia: No sé. Me parece algo raro….

Nuria: ¿Crees que es el ladrón?

Alicia: No lo sé, pero estoy preocupada.

Nuria: ¿Por qué estás preocupada?

Alicia: Porque ahora ese hombre del sombrero sabe que hay dibujos muy valiosos en la tienda.

Vocabulario

extraño strange
sospechoso suspicious
raro weird
ladrón thief / burglar
preocupada worried
valiosos valuable

9. LA NOTICIA

Al día siguiente, nuevamente en el hotel, Alicia y Nuria ven la televisión, donde el presentador anuncia una noticia de último momento.

Presentador de televisión: ¡Un robo en el centro de Madrid! Valiosos dibujos de Francisco de Goya desaparecen de una colección privada.

Nuria: ¡No puede ser! ¡Son los tres dibujos de la tienda!

Alicia: ¡Es verdad! Son exactamente iguales: está el dibujo del monstruo, el dibujo del muchacho con la copa de vino y el dibujo de las dos niñas tomadas de la mano.

Presentador de televisión: No hay rastro del ladrón. No se sabe dónde están los dibujos. El dueño de la colección, Lorenzo Reyes, ofrece una gran recompensa. La policía investiga.

Nuria: ¿Qué hacemos?

Alicia: ¿Llamamos a la policía?

Nuria: No, mejor vamos a la tienda de Rodolfo García. Vamos a llamar a la policía con él.

Alicia: Sí, me parece mejor. De ese modo, nadie pensará que él es sospechoso.

Vocabulario

al día siguiente the next day
anunciar to announce
noticia de último momento breaking news
desaparecer to disappear
el monstruo monster
tomadas de la mano holding hands
el rastro trace
la recompensa reward
de ese modo that way

10. EL SEGUNDO ROBO

Cuando Nuria y Alicia llegan a la tienda, ven que la policía ya está allí. Los vidrios de las ventanas de la tienda están rotos. El señor Rodolfo García está muy triste.

Nuria: Señor Rodolfo.

Rodolfo García: ¡Aquí estáis! Detective, ellas son las muchachas de ayer.

Alicia: ¿Qué sucede?

Rodolfo García: Ellas son testigos: ayer las obras estaban aquí. ¡Alguien robó las obras de la tienda!

Nuria: ¿De verdad?

Rodolfo García: Ella es historiadora del arte. Ella sabe que son dibujos de Goya.

Nuria: Sí, estoy segura. ¡Son los dibujos de la colección privada de Lorenzo Reyes! Están en la televisión.

Detective Sánchez: Hola, soy la detective Sánchez. Un placer. ¿Sabe quién es el ladrón?

Nuria: No, no lo sé.

Alicia: Tal vez es el hombre del sombrero.

Detective Sánchez: ¿El hombre del sombrero?

Alicia: Sí, un hombre que ayer estaba en la tienda.

Detective Sánchez: ¡Lo vamos a investigar!

Vocabulario

los vidrios glass
rotos broken
¿Qué sucede? What's going on?
los testigos witnesses
estaban were (from the verb *estar*)

11. ALICIA Y NURIA EN EL CAFÉ

Nuria y Alicia entran en una tienda de café para hablar sobre los dibujos robados.

Camarero: Buen día, ¿qué les sirvo?

Nuria: Buen día. Yo quiero un café con leche.

Alicia: Yo quiero unos churros con chocolate, por favor.

Camarero: ¡Perfecto! En seguida traigo todo.

Nuria: Bien, ¿qué piensas del caso?

Alicia: Mmm…. Hay dos robos. Ayer, alguien robó los dibujos de la casa de Lorenzo Reyes. Hoy… o anoche, alguien los robó de la tienda de Rodolfo García.

Nuria: ¿Piensas que es la misma persona?

Alicia: ¡Puede ser! La persona que robó los dibujos de la casa de Lorenzo Reyes no sabía cuánto valen. Son muy valiosos, pero vendió los dibujos por poco dinero. Pero luego, al oír sobre el robo en TV, descubrió el precio real y volvió a robar los dibujos.

Nuria: También puede haber un segundo ladrón.

Alicia: Claro. Alguien que tal vez nos oyó en la tienda….

Nuria: ¿Alguien como ese misterioso hombre del sombrero?

Vocabulario

los churros fried dough pastry
en seguida in a moment
valer to be worth
oír to hear
descubrir to discover
puede haber there could be

12. EL PRÓXIMO PASO

El camarero lleva a la mesa de Nuria y Alicia todo lo que han ordenado. En la TV del bar siguen las noticias sobre el robo en la mansión de Lorenzo Reyes.

Alicia: Muchas gracias. ¿Podría traernos un poco de azúcar?

Camarero: Sí, de inmediato.

Alicia: ¿Qué hacemos ahora?

Nuria: Pues, ¡nada! ¿Por qué quieres hacer algo? La detective Sánchez trabaja en el caso.

Alicia: ¡Pero es divertido! Creo que debemos ir a la casa de Lorenzo Reyes.

Camarero: Perdón por entrometerme, pero Lorenzo Reyes no vive en una casa. ¡Vive en una mansión!

Nuria: ¿Es un hombre rico?

Camarero: Sí, muy rico. Tiene una enorme colección de arte.

Alicia: ¿Sabe usted dónde vive?

Camarero: Sí, claro, vive allí enfrente, cruzando esta calle. Pueden ver su mansión desde aquí mismo.

Alicia: ¡La cuenta, por favor!

Vocabulario

siguen they follow (from the verb *seguir*)
podría traernos could you bring us
de inmediato right away
pues well (filler word)
entrometerme to interfere / to meddle
cruzando crossing (from the verb *cruzar*)

13. EN LA MANSIÓN DE LORENZO REYES

Después de desayunar, Alicia y Nuria cruzan la calle hasta la mansión de Lorenzo Reyes, para investigar sobre el robo de los dibujos de Goya. Tocan el timbre y el hombre sale a recibirlas.

Lorenzo Reyes: ¿Sois reporteras?

Nuria: No, no somos reporteras. Nosotras vimos sus dibujos, señor, en la tienda del Mercado de las Ranas.

Lorenzo Reyes: Ah, ¿vosotras reconocisteis los dibujos?

Nuria y Alicia: ¡Sí, nosotras!

Lorenzo Reyes: ¿Y cómo es posible?

Nuria: Yo soy historiadora del arte. Me gusta mucho Goya. Al ver los dibujos en la tienda del señor Rodolfo García, ¡reconocí el trabajo de Goya de inmediato! En la universidad estudiamos mucho a Goya; puedo reconocer su trabajo sin problema.

Lorenzo Reyes: ¿Tú también eres historiadora del arte?

Alicia: No. Yo soy escritora.

Lorenzo Reyes: ¿Qué escribes?

Alicia: Escribo historias de misterio, de robos, de crímenes. Me gusta resolver misterios.

Lorenzo Reyes: ¡Muy bien! Entrad. ¿Queréis algo de beber?

Vocabulario

el timbre the doorbell
sale a recibirlas comes out to receive them
los reporteras reporters
reconocer to recognise
entrad come in (from the verb *entrar*)

14. LA RECOMPENSA

Alicia hace algunas preguntas al señor Lorenzo Reyes sobre el robo de los dibujos de Goya. Están sentados en el salón de la casa.

Alicia: ¿Cuándo sucedió el robo?

Lorenzo Reyes: Ayer, el sábado. Lo sé porque vi los dibujos el viernes por la noche. Ayer por la tarde ya no estaban.

Alicia: ¿Y llamó a la policía?

Lorenzo Reyes: Sí, claro, de inmediato.

Alicia: ¿Llamó a la televisión también?

Lorenzo Reyes: Sí, creo que es mejor que todo el mundo lo sepa. Así, puedo ofrecer una recompensa.

Nuria: ¿Ofrece una recompensa a quien encuentre sus dibujos?

Lorenzo Reyes: Sí, claro. ¡Ofrezco mil euros de recompensa! Hoy lo dicen en la televisión.

Alicia: A nosotras no nos importa su dinero, señor Reyes. Solo queremos ayudar.

Nuria: Es cierto, señor. No queremos dinero. Solo nos importa el arte.

Alicia: ¡Y los misterios!

Nuria: Y los misterios, ¡claro!

Vocabulario

están sentados they're sitting
ya no estaban they weren't there anymore
no nos importa we don't care
lo sepa knows about it
ofrecer to offer

15. LA LLAVE

Lorenzo cuenta a Alicia y Nuria todo sobre el robo, para ayudar a recuperar sus dibujos robados.

Alicia: ¿Dónde guarda su colección de arte?

Lorenzo Reyes: En el segundo piso, en una gran habitación, ¡vamos arriba!

Alicia: ¿Esta habitación tiene llave?

Lorenzo Reyes: Sí, claro.

Alicia: ¿Quiénes tienen una llave de la habitación?

Lorenzo Reyes: Yo tengo la llave. Nadie más.

Alicia: ¿Dónde guarda la llave?

Lorenzo Reyes: Aquí, en esta cadena de oro que siempre llevo alrededor de mi cuello.

Nuria: ¡Wow! Es una habitación increíble, ¡cuántas pinturas!

Alicia: ¿Le gusta mucho el arte, señor Reyes?

Lorenzo Reyes: Sí, más que nada en el mundo. El arte es mi vida. Amo mi colección, y estoy muy triste, porque ahora está incompleta.

Vocabulario

cuenta he/she tells (from the verb *contar*)
guardar to keep
el piso floor
la llave key
el cadena de oro gold chain
llevar to wear
el cuello neck

16. LA INVESTIGACIÓN

Alicia hace más preguntas a Lorenzo Reyes, mientras ven la colección de arte.

Alicia: ¿Cree que alguien rompió la puerta?

Lorenzo Reyes: No, la policía dice que nadie rompió la puerta.

Alicia: Entonces alguien tomó la llave.

Lorenzo Reyes: Puede ser…. Es difícil, pero puede ser.

Alicia: ¿Quiénes viven en la casa?

Lorenzo Reyes: Mi hija Mariana, los empleados y yo.

Alicia: ¿Cuántas personas trabajan en la casa?

Lorenzo Reyes: Seis personas: un empleado de limpieza, un empleado de seguridad, un jardinero, dos cocineros y la niñera de mi hija. ¿Crees que el ladrón es alguien de la casa?

Alicia: No lo sé. Es posible. Es alguien que no conoce el valor de los dibujos. Estaban en venta muy baratos en el Mercado de las Ranas. ¡A solo 100 euros! ¡Pero deben valer cientos de miles!

Lorenzo Reyes: Espero no tener problemas con uno de mis empleados.

Vocabulario

mientras while
romper to break down
los empleados the staff / employees
el jardinero gardener
el valor value
estaban en venta they were being sold
cientos de miles hundreds of thousands

17. LA INTERRUPCIÓN

Mientras Alicia hace preguntas a Lorenzo Reyes, alguien más entra en la habitación. Es una niña de 12 años, muy alta, con cabellos rubios y ojos negros.

Lorenzo Reyes: ¡Mariana! Ven, quiero presentarte a dos jóvenes encantadoras. Esta es Nuria, es historiadora del arte. Le gusta mucho el arte, como a nosotros.

Mariana Reyes: Hola, Nuria.

Nuria: Hola, Mariana, es un placer.

Lorenzo Reyes: Y esta es Alicia. Ella es escritora y sabe mucho sobre robos y misterios.

Alicia: Encantada de conocerte.

Mariana Reyes: Encantada.

Lorenzo Reyes: Ellas vieron los dibujos en el Mercado de las Ranas ayer, y ahora nos ayudan a encontrarlos… ¡y a atrapar al ladrón!

Mariana Reyes: ¡¿Ya saben quién robó los dibujos?!

Alicia: No, aún no, pero estoy segura de que vamos a descubrir quién lo hizo.

Mariana Reyes: ¿Tienen alguna pista?

Alicia: Algunas…. Espera un momento, ¿cómo has

entrado? ¿Tú también tienes una llave de esta habitación?

Lorenzo Reyes: Sí. Olvidé decirlo. Mariana es la única que tiene una copia de la llave.

Vocabulario

presentar to introduce / to present
encantada de conocerte pleased to meet you
atrapar to catch
quién lo hizo who did it
la pista clue
¿cómo has entrado? how did you get in?
olvidé decirlo I forgot to tell you

18. LORENZO Y MARIANA

Alicia y Nuria charlan con Lorenzo y con Mariana sobre la desaparición de los dibujos.

Alicia: ¿Alguien te ha pedido la llave, Mariana?

Mariana Reyes: No…. Siempre tengo la llave conmigo.

Lorenzo Reyes: Mariana es muy cuidadosa. Ella sabe lo importante que es el arte. ¿No es cierto? Ella también tiene su propia colección.

Mariana Reyes: ¡Sí! Tengo una colección de historietas.

Alicia: ¿De historietas?

Mariana Reyes: Sí, tebeos… ¡libros de cómics! Tengo historietas de todo el mundo: de Estados Unidos, de Japón, de Francia, de Argentina. Tengo historietas viejas y nuevas.

Nuria: ¡Qué interesante! Amo las historietas. ¿Puedo ver tu colección?

Mariana Reyes: Sí, claro. Ven conmigo. Te mostraré.

Vocabulario

charlar to chat
cuidadoso/a careful
su propia her own
las historietas comic strips
los tebeos comics
te mostraré I'll show it to you

19. LA SEGUNDA COLECCIÓN

Mariana Reyes le muestra su colección de libros de historietas a Nuria. Tiene una gran habitación repleta de enormes bibliotecas llenas y llenas de cómics.

Nuria: ¡Es una colección increíble!

Mariana Reyes: Sí, es lo que más amo en la vida. Colecciono historietas desde que tengo cinco años.

Nuria: ¡Wow! Es sorprendente. ¿Dónde compras las historietas?

Mariana Reyes: Las más comunes las compro en tiendas de historietas. Las más raras normalmente las compro en mercados de antigüedades.

Nuria: ¿En mercados de antigüedades? ¿Como en el Mercado de las Ranas?

Mariana Reyes: Eh…. Sí, a veces compro historietas allí. Está muy cerca de mi casa.

Nuria: ¿Alguna vez has visto a un hombre con sombrero en el mercado?

Mariana Reyes: Sí… ya sé de quién hablas: un hombre muy alto y con un sombrero negro, ¿verdad?

Vocabulario

repleta full / filled completely
las bibliotecas book shelves / library
sorprendente astonishing / surprising / amazing
raras rare
alguna vez has visto have you ever seen

20. EL EMPLEADO DE LIMPIEZA

Alicia y Lorenzo Reyes bajan a la sala, para hablar más sobre los empleados de la casa, mientras Nuria está en la habitación de Mariana.

Alicia: Deseo saber más detalles sobre todas las personas que trabajan en la casa. ¿Puede ser?

Lorenzo Reyes: Sí, claro. No hay ningún problema.

Alicia: ¿Quiénes es el empleado de limpieza?

Lorenzo Reyes: El empleado de limpieza se llama Carlos. Carlos es catalán y lo conozco de toda la vida. Su padre era amigo de mi padre.

Alicia: ¿Piensas que puede ser el ladrón?

Lorenzo Reyes: No lo creo. Es un buen muchacho y tenemos mucha confianza.

Alicia: Bien. ¿Carlos ha visto algo extraño durante el día del robo?

Lorenzo Reyes: ¿Por qué no le preguntas? Voy a llamarlo.

Vocabulario

bajar to go down
desear to want / to wish / to desire
el empleado de limpieza the cleaning staff
la confianza trust

21. LA CAJA DE METAL

Mientras Nuria ve la colección de historietas de Mariana, ve una caja de metal que llama mucho su atención.

Nuria: ¿Qué hay en esta caja?

Mariana Reyes: En esa caja está mi historieta más preciada. ¿Quieres verla?

Nuria: Sí, quiero verla.

Mariana Reyes: Mira….

Nuria: ¡Oh! ¿Es muy antigua?

Mariana Reyes: Sí, tiene más de cien años. Es de Estados Unidos. Se llama *Little Nemo in Slumberland*, 'El pequeño Nemo en el país de los sueños'.

Nuria: ¿Y de qué se trata?

Mariana Reyes: Se trata de un niño que tiene sueños muy raros.

Nuria: ¿Y es muy cara esta historieta? ¿Cuánto cuesta?

Mariana Reyes: Eh…. No lo sé. No lo recuerdo.

Nuria: ¿Cómo no lo sabes? ¿Has comprado la historieta hace mucho tiempo?

Mariana Reyes: Creo que es hora de volver con mi padre.

Vocabulario

la caja de metal metal box
preciada prized / valued
¿Y de qué se trata? what's it about?
es hora it's time

22. CARLOS

Lorenzo Reyes llama a Carlos, el empleado de limpieza de la casa. Carlos entra en la sala, donde Alicia y Lorenzo están tomando el té. Se sienta con ellos, y Alicia le hace preguntas sobre el día del robo.

Alicia: Carlos, ¿tú eres catalán?

Carlos: ¡Sí, soy de Barcelona!

Alicia: Como mi padre. ¡*Bon dia*!

Carlos: ¡Qué bien! *Bon dia.*

Alicia: Bueno, si te parece, vamos a hablar sobre el día del robo. ¿Pasó algo raro?

Carlos: Fue ayer, ¿verdad?

Alicia: Sí, fue el sábado, ayer.

Carlos: Todo normal, nada extraordinario…. Excepto una cosa.

Alicia: ¿Qué cosa?

Carlos: Cuando limpiaba en la planta baja, oí que alguien abría el armario de los abrigos.

Alicia: ¿Y por qué eso es raro?

Carlos: ¡Pues porque ayer hacía mucho calor! ¿Quién necesita un abrigo cuando hace mucho calor?

Alicia: ¿A qué hora pasó eso?

Carlos: A las 10 y media de la mañana….

Vocabulario

sentarse to sit down
pasar to happen
limpiar to clean
la planta baja first floor
el armario de los abrigos the jacket closet / wardrobe

23. EL JARDINERO

Una vez que Carlos sale de la sala, Alicia comenta a Lorenzo Reyes lo que piensa sobre Carlos.

Alicia: ¡Parece un buen muchacho! Y creo que es muy astuto.

Lorenzo Reyes: Sí, es un muy buen muchacho. Y sí, es muy inteligente.

Alicia: ¿Usted buscó algo en el armario de los abrigos ayer?

Lorenzo Reyes: No, no fui yo.

Alicia: Ahora quiero saber quién es el jardinero. ¿Cómo se llama? ¿De dónde es?

Lorenzo Reyes: El jardinero se llama Facundo. Es un muchacho chileno. Tiene treinta años. Trabaja aquí hace poco tiempo.

Alicia: ¿Hace cuánto tiempo trabaja aquí, exactamente?

Lorenzo Reyes: Trabaja aquí hace seis meses. Es un excelente jardinero. Cuida muy bien de las plantas. Ama su trabajo.

Alicia: ¿Cree que el jardinero puede ser el ladrón?

Lorenzo Reyes: No creo. No desconfío de él. Parece un buen muchacho. Además, casi nunca entra en la casa.

Alicia: Excelente. Quizá puede decir algo importante sobre el robo.

Lorenzo Reyes: ¡Ojalá! Voy a llamarlo.

Vocabulario

una vez once
astuto cunning
chileno Chilean
hace poco tiempo for a short time / not long ago
cuidar to take care
las plantas plants
desconfiar to distrust
casi nunca almost never
¡Ojalá! hopefully / let's hope so

24. FACUNDO

El jardinero de la casa, Facundo, entra en la sala. Alicia le hace varias preguntas sobre el día del robo. Facundo es un muchacho alto y delgado, con el pelo castaño. Usa gafas. Sus gafas están partidas. Están pegadas con un trozo de cinta adhesiva.

Alicia: Buen día, Facundo.

Facundo: ¡Buen día!

Alicia: Mi nombre es Alicia. Estoy investigando el robo de los dibujos. ¿Puedo hacerte algunas preguntas?

Facundo: ¡Claro! No hay problema. ¿Eres policía?

Alicia: No, no soy policía. Simplemente estoy ayudando al señor Reyes.

Facundo: Suena bien. ¿Qué deseas saber?

Alicia: Solo quiero saber si el día del robo, ayer, sucedió algo inusual en la casa.

Facundo: Mmm…. Sí, creo que ayer vi algo raro…. Pero no estoy seguro.

Alicia: ¿Por qué no estás seguro?

Facundo: ¿Ves mis gafas? ¡Están rotas! Se rompieron ayer por la mañana mientras trabajaba. Entonces, no podía ver bien.

Alicia: ¿Qué has visto?

Facundo: Hacía mucho calor. Era un día soleado. Sin embargo, cerca de las 10:30 de la mañana creo que vi a alguien salir de la casa con un gran abrigo y un sombrero.

Alicia: ¡¿Un sombrero?!

Facundo: Sí, no podía ver muy bien, pero estoy casi seguro.

Vocabulario

delgado thin
el pelo castaño brown hair
las gafas eye glasses
están partidas are split (in two)
trozo de cinta adhesiva a piece of tape
¿Qué deseas saber? What would you like to know?
inusual unusual
trabajar to work
no podía I couldn't (from the verb *poder*)

25. EL PRIMER SOSPECHOSO

Facundo sale de la habitación y Alicia le dice qué piensa del asunto de la persona con abrigo y sombrero.

Lorenzo Reyes: ¿Por qué te sorprende lo del sombrero?

Alicia: Nosotras hemos visto a un hombre alto y con sombrero en la tienda del señor Rodolfo García.

Lorenzo Reyes: ¿En serio?

Alicia: ¡Sí! ¿Usted conoce a un hombre alto que anda siempre con sombrero?

Lorenzo Reyes: Mmm…. No, no conozco a nadie así. ¡Espera! Ahora recuerdo. Había un hombre alto y con un sombrero cerca de la casa ayer. Pero creo que es un reportero. ¿Crees que es el ladrón?

Alicia: No lo sé. Pero vimos un hombre alto y con sombrero en la tienda del señor Rodolfo García antes del robo.

Lorenzo Reyes: ¡Quizá es el ladrón!

Alicia: Sí, creo que quizá lo es.

Vocabulario

el asunto subject / issue
sorprender to surprise
¿En serio? really / seriously
así like that
había there was (from the verb *haber*)

26. LOS COCINEROS

Luego, Lorenzo Reyes llama a los dos cocineros, Marta y Jacinto, quienes son esposos. Ambos tienen cerca de 60 años. Trabajan con la familia de Lorenzo Reyes desde que son jóvenes. Tienen mucho cariño por Lorenzo. Es como un hijo para ellos.

Marta: Buenos días, jovencita.

Alicia: ¡Hola! Es un placer conoceros.

Jacinto: El placer es nuestro.

Alicia: Quiero saber si ayer, el día del robo, habéis visto algo extraño, algo fuera de lo normal.

Marta: Mmm…. Creo que no. Creo que todo fue igual que siempre. ¿Qué piensas tú, Jacinto?

Jacinto: Fue un día muy tranquilo. No cocinamos nada hasta la noche.

Alicia: ¿Nadie comió antes de la cena?

Lorenzo Reyes: Yo no almorcé porque no estaba en la casa. Salí a visitar a unos amigos.

Alicia: ¿Y Mariana?

Marta: Hablé con Mariana al mediodía, a las doce. No quería comer. Estaba muy emocionada con una historieta nueva…. ¡Esa niña ama sus tebeos! Me recuerda a sus padre con su colección de obras de arte.

Alicia: Bien. Una última pregunta, ¿es la primera vez que desaparecen cosas de la casa?

Marta: ¡No, claro que no! Últimamente desaparecen cosas todo el tiempo. Hace una semana desapareció un hermoso salero de plata muy valioso….

Vocabulario

cariño affection
la jovencita young lady
algo fuera de lo normal out of the ordinary
emocionada excited
últimamente lately
el salero salt shaker

27. LA DISCUSIÓN

Una vez que Marta y Jacinto salen de la habitación, Alicia hace algunas preguntas a Lorenzo Reyes.

Alicia: Marta y Jacinto son una pareja muy agradable.

Lorenzo Reyes: Sí, son parte de la familia. Los quiero mucho.

Alicia: ¿Es normal que Mariana se salte el almuerzo?

Lorenzo Reyes: Sí, a veces no tiene hambre, especialmente cuando está con alguna historieta nueva.

Alicia: ¿Usted compra sus historietas?

Lorenzo Reyes: Sí, siempre peleamos por eso.

Alicia: ¿Por qué?

Lorenzo Reyes: Porque siempre desea historietas muy caras. Gasta mucho dinero en ellas. Ella debe ser más precavida. Sé que su colección es importante para ella, pero es solo una niña. No debe gastar tanto dinero en historietas.

Alicia: ¿Usted discute seguido con su hija por este tema?

Lorenzo Reyes: Sí, hace un par de días tuvimos una gran pelea por una historieta muy cara que quiere comprar. ¡Me parecía demasiado dinero por una historieta!

Vocabulario

agradable pleasant / nice
saltarse to skip
pelear to fight
gastar to spend
precavida cautious / careful

28. LA NIÑERA

A continuación, Lorenzo Reyes llama a la niñera. La niñera de la casa se llama Andrea. Es una muchacha de veinte años. Su cabello es negro y rizado, su piel es morena. Tiene ojos verdes.

Alicia: Hola, Andrea, ¿tú eres la niñera de Mariana?

Andrea: ¡Hola! Sí, yo soy su niñera.

Alicia: ¿Pasas todo el día con ella?

Andrea: Durante el verano generalmente paso todo el día con ella. Durante el resto del año pasa gran parte del día en la escuela. Mientras ella está en la escuela, yo voy a la universidad. Estudio pedagogía, ¡algún día voy a ser maestra de muchos niños como Mariana!

Alicia: Suena muy bien. ¿Y los fines de semana?

Andrea: Los fines de semana Mariana generalmente se queda en su alcoba. Nunca quiere salir.

Alicia: ¿Qué hace allí?

Andrea: Lee sus libros de cómics. Ama esas historietas más que nada.

Alicia: ¿Ayer pasó algo raro?

Andrea: ¡No lo sé! Ayer no estuve en la casa en todo el día. Fui a visitar a mis padres a Toledo.

Vocabulario

rizado curly
su piel es morena she has dark skin
la pedagogía pedagogy / education
quedarse to stay
la alcoba bedroom
fui a visitar I went to visit

29. EL EMPLEADO DE SEGURIDAD

Cuando Andrea sale de la sala, Alicia hace algunas preguntas a Lorenzo.

Alicia: Andrea parece una buena niñera. Sin embargo, ¿normalmente Mariana se queda sola en la casa, como ayer?

Lorenzo Reyes: Sí. No es muy frecuente, pero puede pasar. Mariana ya es grande. Puede quedarse sola. Además, siempre está nuestro empleado de seguridad en la casa, además de Marta, Jacinto y los demás.

Alicia: ¿Quién es el empleado de seguridad? ¿Cómo se llama? ¿De dónde es?

Lorenzo Reyes: El empleado de seguridad se llama Daniel. Es portugués, pero habla muy bien en español.

Alicia: ¿Cuántos años tiene?

Lorenzo Reyes: Tiene cerca de cuarenta años.

Alicia: ¿Trabaja aquí hace mucho?

Lorenzo Reyes: Sí, trabaja aquí hace cinco años.

Alicia: ¿Es bueno en su trabajo?

Lorenzo Reyes: Sí, Daniel es muy bueno en su trabajo. Principalmente, controla las cámaras de seguridad. Nunca hubo un robo en esta casa… ¡hasta ayer!

Vocabulario

sin embargo however
principalmente mainly
hubo there was / there were

30. DANIEL

Lorenzo llama a Daniel, el empleado de seguridad. Alicia quiere hacerle algunas preguntas.

Alicia: ¡Hola! Tengo algunas preguntas sobre el día de ayer, si no es problema.

Daniel: Claro. No hay ningún inconveniente.

Alicia: Para empezar, ¿pasó algo extraño ayer?

Daniel: No recuerdo nada muy extraño. Miré las cámaras todo el día. En las grabaciones, no veo a nadie extraño. No veo nadie extraño en la casa.

Alicia: ¿Alguien tiene la llave de la casa además de la gente que trabaja aquí?

Daniel: No. Solo los que trabajamos aquí tenemos la llave de la casa, además del señor Lorenzo y de la niña.

Alicia: Ya veo. ¿Crees que podemos ver las grabaciones de las cámaras de seguridad?

Daniel: Por supuesto, ¡no es ningún problema! Traeré la *tablet* donde está todo.

Vocabulario

inconveniente inconvenience / problem
las grabaciones recordings / videos
por supuesto of course
¡no es ningún problema! no problem at all!

31. LAS GRABACIONES

Daniel busca la tablet donde tiene las grabaciones de las cámaras de seguridad. Allí, puede ver a todas las personas que entran y salen de la casa.

Alicia: ¿Alguien sale de la casa el viernes por la noche?

Daniel: No, nadie sale de la casa hasta el sábado por la mañana.

Alicia: ¿Quién es la primera persona que sale de la casa el sábado?

Daniel: La primera en salir es Andrea. Aquí está. Sale de la casa a las 9 de la mañana.

Alicia: Iba a visitar a sus padres a Toledo.

Daniel: Luego, a las 10, sale el señor Lorenzo.

Alicia: Él iba a visitar a unos amigos.

Lorenzo Reyes: ¡Exacto!

Daniel: Luego, a las 10 y media sale Carlos. No se puede ver su rostro, pero ese es su abrigo y su sombrero... aunque no sé por qué usaba abrigo. Hacía mucho calor.

Alicia: ¡Ese no es Carlos! Él estaba dentro, limpiando.

Daniel: ¿Es cierto? Espera... podemos ver la cámara de la planta baja. ¡Es cierto! Allí está Carlos, limpiando.

Lorenzo Reyes: ¿Entonces quién es esa persona que sale de la casa con sombrero?

Alicia: ¡Es una persona que no desea ser vista por las cámaras!

Vocabulario

iba a visitar was going to visit
usar to use
¡Exacto! Exactly!
limpiando cleaning (from the verb *limpiar*)
no desea ser vista doesn't want to be seen

32. LA PERSONA DE LAS GRABACIONES

Alicia, Daniel y Lorenzo Reyes ven las grabaciones de las cámaras de seguridad del día anterior. Hay una persona que salió de la casa con un abrigo y un sombrero. No se ve su rostro.

Alicia: Sigamos. ¿Sale alguien más de la casa?

Daniel: No. Un rato más tarde, a las 11, la persona del sombrero vuelve a la casa. ¡Es alguien que vive aquí! Tiene la llave.

Alicia: Eso parece. ¿Luego quién entra?

Daniel: Cerca de las dos de la tarde llega el señor Lorenzo, y a eso de las cinco de la tarde llega nuevamente Andrea.

Alicia: Lorenzo, ¿a qué hora descubre que los dibujos no están donde deben estar?

Lorenzo Reyes: Cerca de las seis de la tarde. Todas las noches voy a ver mi colección a esa hora. Inmediatamente, noté algo raro ayer. ¡Faltaban los dibujos de Goya!

Daniel: A las seis y media se ve en las grabaciones cómo llega la policía a la casa.

Alicia: ¡Mirad! Ahí con la policía… ¡hay un hombre con sombrero!

Vocabulario

sigamos let's keep going
un rato más tarde a little bit later
faltar to be missing
¡Mirad! Look!

33. DOS SOMBREROS

Alicia, Daniel y Lorenzo Reyes siguen viendo las grabaciones de las cámaras de seguridad del día anterior. Se preguntan quién es el hombre con sombrero que está con la policía.

Lorenzo Reyes: ¿Piensas que es la misma persona que salió de la casa, Alicia?

Alicia: No lo creo. Esta persona está afuera. La otra persona está adentro. No puede ser la misma persona.

Lorenzo Reyes: ¿Crees que hay dos personas con sombrero, entonces?

Alicia: Sí, puede ser. Mira las grabaciones: el hombre con sombrero está hablando con la policía.

Lorenzo Reyes: Tal vez es un detective. ¿Crees que es un detective?

Alicia: Sí, puede ser. Se parece mucho al hombre del sombrero que estaba en la tienda de Rodolfo García esa mañana…. Creo que es la misma persona.

Vocabulario

seguir viendo to keep watching
preguntarse to ask oneself
no lo creo I don't think so
afuera outside
adentro inside

34. LAS CONCLUSIONES

Cuando Daniel se marcha, Lorenzo y Alicia reflexionan sobre lo que han descubierto hasta el momento.

Alicia: Bien, ¿qué sabemos hasta el momento?

Lorenzo Reyes: Para empezar, sabemos que los dibujos desaparecieron el sábado por la mañana.

Alicia: Nuria y yo vimos los dibujos en la tienda del señor Rodolfo García en el Mercado de las Ranas el sábado a las 11 y media, aproximadamente.

Lorenzo Reyes: El Mercado de las Ranas está muy cerca. La persona que tomó los dibujos pudo llevarlos, venderlos en la tienda y volver a la casa en unos minutos.

Alicia: Solo tres personas salieron de la casa el sábado antes de las 11: usted, Andrea y la misteriosa persona del abrigo y el sombrero.

Lorenzo Reyes: Esa persona tomó el abrigo y el sombrero de Carlos del armario para salir de la casa y no se pudo ver su rostro en las cámaras.

Vocabulario

marcharse to leave
reflexionar to reflect
lo que han descubierto what they have discovered
misteriosa mysterious

35. NURIA Y MARIANA REYES REGRESAN

Se abre la puerta de la sala. Son Mariana y Nuria.

Lorenzo Reyes: Hola, hija. ¿Has mostrado tu colección de historietas a Nuria?

Mariana Reyes: Sí, papá.

Nuria: Mariana tiene una hermosa colección…. Muy completa.

Alicia: Mariana, ¿puedo hacerte una pequeña pregunta?

Mariana Reyes: Sí.

Lorenzo Reyes: Adelante, no hay problema.

Alicia: ¿Ayer saliste de la casa en algún momento?

Mariana Reyes: No, no salí de la casa en ningún momento.

Alicia: Muy bien. ¿Y has oído a alguien en el armario de los abrigos?

Mariana Reyes: Mmm…. ¡Sí! Creo que por la mañana oí que alguien abría el armario y tomaba un abrigo y un sombrero.

Alicia: ¡Excelente! Muy bien. Gracias, Mariana.

Vocabulario

adelante go ahead
algún momento at any point
y has oído have you heard

36. LA PROMESA

Nuria y Alicia se ponen de pie para regresar al hotel.

Lorenzo Reyes: Muchachas, sois muy amables. Espero que encontremos al ladrón. Esas obras son muy valiosas. Valen cientos de miles de euros. Además, son muy importantes para mí. Yo amo esas obras. Son mi mayor tesoro.

Nuria: Es un placer para nosotras. Gracias por permitirnos ser parte de esto. Para mí el arte es muy importante, también.

Alicia: Le prometemos que haremos todo lo posible por encontrar sus dibujos robados, señor Reyes.

Lorenzo Reyes: Si lo hacéis, os daré una gran recompensa.

Alicia: No es necesario. No lo hacemos por el dinero.

Nuria: Adiós, señor. Estaremos en contacto con usted. Si hay novedades, le avisaremos.

Lorenzo Reyes: Adiós, muchachas.

Vocabulario

ponerse de pie to stand up
el tesoro treasure
permitir to let / to allow
ser parte be part
le prometemos we promise you (from the verb *prometer*)
estaremos en contacto we'll be in touch
las novedades news / updates

37. ALICIA CUENTA A NURIA LO QUE SABE

Cuando salen de la casa, Alicia cuenta a Nuria todo lo que ha descubierto.

Alicia: He hablado con todos los empleados de la casa.

Nuria: ¿Con todos ellos? ¿Quiénes son?

Alicia: Son seis: Carlos, el empleado de limpieza; Facundo, el jardinero; Marta y Jacinto, los cocineros; Andrea, la niñera; y Daniel, el encargado de la seguridad.

Nuria: Excelente. ¿Alguno parece sospechoso?

Alicia: No, realmente ninguno parece sospechoso. Son todos muy amables. Contestaron todas mis preguntas.

Nuria: ¿Que te han dicho?

Alicia: En las cámaras de seguridad se comprueba que el ladrón es alguien de la casa. Solo salen de la casa tres personas durante el sábado: Lorenzo Reyes, la niñera y una persona que va cubierta con un abrigo y un sombrero.

Nuria: ¿Es el hombre del sombrero de la tienda?

Alicia: Parece que no. Es alguien de la casa que tomó un abrigo y un sombrero del armario. Carlos y Mariana lo confirman: alguien abrió el armario de los abrigos. Lo oyeron.

Nuria: Ya sabes muchas cosas sobre el caso. Eres una buena detective.

Alicia: Gracias. ¿Qué has averiguado tú?

Vocabulario

contestar to answer
comprobar to be proven
cubierta covered
averiguar to check

38. NURIA CUENTA A ALICIA LO QUE SABE

Nuria y Alicia siguen hablando sobre lo que saben. Están caminando por la acera, afuera de la mansión de Lorenzo Reyes.

Nuria: La colección de historietas de Mariana es enorme. Se ve que ella ama mucho las historietas, como su padre ama las obras de arte de Goya.

Alicia: ¿No crees que Mariana se comporta de forma un poco extraña?

Nuria: Sí, estoy de acuerdo. Creo que se comporta de forma algo extraña. Cuando le pregunté por el precio de uno de sus libros de historietas, se puso muy incómoda. ¿Crees que es sospechosa?

Alicia: No lo sé. Tal vez sabe algo que no quiere decir.

Nuria: ¿Por qué crees que no nos dice todo lo que sabe?

Alicia: Puede estar protegiendo a alguien.

Nuria: ¿A quién? ¿Al ladrón?

Alicia: Claro. Y el ladrón es una de las tres personas que se ven en las cámaras: la persona misteriosa, la niñera ¡o incluso su padre!

Vocabulario

la acera sidewalk
comportarse to behave
estoy de acuerdo I agree
incómoda uncomfortable
proteger to protect

39. ¡AHÍ ESTÁ OTRA VEZ!

Cuando están alejándose, Nuria no puede creer lo que ve....

Nuria: Alicia, ¡mira! ¡Es el hombre del sombrero! ¡Es el mismo hombre de la tienda de Rodolfo García!

Alicia: Es verdad. ¡Es él! En las cámaras, ese hombre estaba con la policía. Creo que tal vez es un detective.

Nuria: Yo lo veo muy sospechoso. ¿Qué hace aquí?

Alicia: No lo sé, pero quiero averiguarlo. Vamos a hablar con él.

Nuria: ¿Estás loca, Alicia?

Alicia: Vamos. ¡Se está marchando! ¡Corramos!

Nuria: Definitivamente estás loca....

Alicia: Está corriendo él también. Creo que nos ha visto. Está escapando de nosotras.

Nuria: Está yendo al Mercado de las Ranas. Allí hay mucha gente y muchas tiendas. Va a ser difícil encontrarlo ahí dentro....

Vocabulario

alejarse to move away / to walk away
averiguarlo to check it out
¡Corramos! Let's run!
escapar to escape
yendo going

40. PERSIGUIENDO AL HOMBRE DEL SOMBRERO

Dentro del Mercado de las Ranas, Nuria y Alicia persiguen al hombre del sombrero. El hombre camina muy rápido entre las personas, los puestos y las tiendas.

Nuria: No lo veo. ¿Tú lo ves?

Alicia: No. Lo he perdido. ¡Ya sé! Vamos a la terraza de ese café. Desde allí arriba vamos a poder ver mejor.

Nuria: ¿Estás segura? Esto es una locura....

Alicia: Sí, vamos.

Nuria: ¡Tenías razón! Desde aquí arriba se ve bien todo el mercado.

Alicia: Mira, ¡allí está!

Nuria: Está entrando en ese callejón.

Alicia: ¡Vamos tras él!

Vocabulario

perseguir to pursue
los puestos stalls / stands
lo he perdido I've lost him
locura madness / crazy
el callejón alleyway

41. EL CALLEJÓN

Alicia y Nuria siguen al hombre del sombrero dentro de un callejón en el Mercado de las Ranas. En el callejón hay tres tiendas y no saben en cuál de ellas ha entrado. Una es una tienda de relojes, la otra es una tienda de muebles y la tercera es una tienda de libros de arte.

Nuria: ¿Dónde crees que está?

Alicia: Seguramente está dentro de alguna de estas tres tiendas. No estoy segura en cuál de ellas ha entrado.

Nuria: ¿Piensas que está dentro de la tienda de relojes?

Alicia: No, no creo que esté dentro de la tienda de relojes.

Nuria: Tal vez está dentro de la tienda de muebles antiguos….

Alicia: Tampoco creo que esté allí.

Nuria: Entonces debe estar en la tienda de libros de arte.

Alicia: Sí… creo que es lo más probable.

Nuria: ¿Entramos a ver si está ahí dentro?

Alicia: Sí, ¡vamos a buscarlo!

Vocabulario

los muebles furniture
¡vamos a buscarlo! let's go look for him

42. LA TIENDA DE LIBROS DE ARTE

Nuria y Alicia entran en la tienda de libros de arte y, entre las bibliotecas, encuentran al hombre del sombrero sentado en una mesa, leyendo un libro. Parece que las espera.

Alicia: ¡Aquí está!

Hombre del sombrero: Alicia, Nuria, os esperaba.

Nuria: ¡¿Cómo sabe nuestros nombres?!

Hombre del sombrero: Sé muchas cosas….

Alicia: ¿Cuál es su nombre?

Hombre del sombrero: No puedo decir mi nombre aún.

Alicia: ¿Podemos sentarnos?

Hombre del sombrero: Sí, claro. Tomad asiento. Tenemos mucho de qué hablar.

Alicia: ¿Usted nos está siguiendo?

Hombre del sombrero: Al contrario, creo que son vosotras las que me estáis siguiendo a mí.

Alicia: Bueno…. Es cierto. Pero solo porque usted siempre está donde suceden cosas extrañas.

Hombre del sombrero: ¿Cosas extrañas? ¿Como qué?

Alicia: Cosas como el robo de los dibujos de Goya de la casa de Lorenzo Reyes. Y cosas como el robo de esos mismos dibujos de la tienda de Rodolfo García.

Vocabulario

esperar to wait
tomar asiento to take a seat
como qué like what

43. CARA A CARA CON EL HOMBRE DEL SOMBRERO

Alicia y Nuria hablan con el hombre del sombrero dentro de la tienda de libros de arte del Mercado de las Ranas.

Hombre del sombrero: Entonces me vieron ese día en la tienda de Rodolfo García.

Alicia: Sí, lo vimos allí. Luego lo vimos al salir.

Hombre del sombrero: Muy bien. Veo que sois muy observadoras.

Alicia: También lo vimos en la casa de Lorenzo Reyes el día del robo.

Hombre del sombrero: ¿De veras? ¿Cómo?

Alicia: En las cámaras de seguridad. En las grabaciones, usted estaba con la policía.

Hombre del sombrero: Sí, claro. Es verdad. ¡Realmente sois muy observadoras!

Nuria: ¿Usted tiene algo que ver con el robo, señor?

Hombre del sombrero: Yo no soy el ladrón, eso es seguro.

Nuria: ¿Es usted un policía?

Hombre del sombrero: No, no soy policía.

Nuria: ¿Es un detective, entonces?

Hombre del sombrero: No, no exactamente.

Alicia: Entonces, ¿qué es usted?

Vocabulario

cara a cara face to face
observadoras observant
¿De veras? Really?

44. EL CLUB DE LOS HISTORIADORES

El hombre del sombrero les cuenta a Alicia y a Nuria que es parte de un equipo de investigadores expertos que resuelven misterios en todo el mundo.

Hombre del sombrero: Soy un investigador.

Nuria: ¿Y qué investiga? ¿Crímenes? ¿Robos?

Hombre del sombrero: No exactamente. Soy parte de un grupo de gente.

Alicia: ¿Una organización secreta?

Hombre del sombrero: Sí, es una organización secreta. Nos llamamos El Club de los Historiadores.

Alicia: ¿Y qué hacen?

Hombre del sombrero: Resolvemos misterios.

Nuria: ¿Resuelven todo tipo de misterios?

Hombre del sombrero: No, solo resolvemos misterios relacionados con la historia del arte, la arqueología y la arquitectura.

Nuria: ¡Como el robo de los dibujos de Goya!

Hombre del sombrero: ¡Exactamente!

Vocabulario

el equipo team
resolver to solve
relacionados related
la arqueología archaeology
la arquitectura architecture

45. LO QUE EL HOMBRE DEL SOMBRERO HACÍA EN EL MERCADO

Nuria y Alicia comparten lo que saben sobre el caso con el hombre del sombrero.

Alicia: Entonces, ¿qué sabe usted sobre el caso?

Hombre del sombrero: Primero me gustaría saber qué es lo que sabéis vosotras.

Alicia: Bien…. Para empezar, sabemos que alguien tomó los dibujos de Goya de la casa de Lorenzo Reyes el sábado.

Hombre del sombrero: ¿A qué hora?

Alicia: Antes de las 11:30.

Hombre del sombrero: ¿Por qué?

Alicia: Porque a las 11:30, aproximadamente, vimos los dibujos en la tienda de Rodolfo García.

Hombre del sombrero: ¡Muy bien! Sí, lo sé. Yo también estaba allí….

Nuria: ¿Qué hacía usted allí?

Hombre del sombrero: Sinceramente, investigaba obras de arte robadas. Hay muchas obras de arte robadas en el Mercado de las Ranas. Quería ver quiénes iban a vender obras a las tiendas, para atrapar algunos ladrones de arte.

Nuria: ¿Entonces oyó nuestra conversación por casualidad?

Hombre del sombrero: ¡Claro! Pero de inmediato supe que algo andaba mal….

Vocabulario

me gustaría I would like
investigar to investigate
por casualidad by chance
algo andaba mal something was wrong

46. LO QUE EL HOMBRE DEL SOMBRERO HIZO LUEGO

El hombre del sombrero les cuenta a Nuria y Alicia qué hizo durante el día del robo.

Hombre del sombrero: Ayer, en la tienda de Rodolfo García, oí vuestra conversación sobre los dibujos de Goya. Luego, fui a investigar en qué museos y colecciones privadas de la ciudad había dibujos originales de Goya. ¡Me sorprendí! Había una colección privada con numerosos dibujos de Goya justo enfrente del Mercado de las Ranas.

Nuria: ¡La colección de Lorenzo Reyes!

Hombre del sombrero: ¡Exacto! Me quedé cerca de la casa hasta que llegó la policía.

Alicia: ¿La policía sabe algo?

Hombre del sombrero: No, no tienen idea quién ha sido. ¿Vosotras quién creéis que ha sido el ladrón?

Alicia: ¡No olvides que puede haber dos ladrones! Alguien se llevó los dibujos de la casa…. Pero luego alguien robó la tienda de Rodolfo García.

Hombre del sombrero: ¡Exacto! Eres muy astuta, Alicia.

Vocabulario

¡Me sorprendí! I was surprised!
no olvides don't forget
llevar to take

47. LOS SOSPECHOSOS

El hombre del sombrero habla con Nuria y Alicia sobre los sospechosos del caso.

Hombre del sombrero: Si bien hay dos ladrones, creo que debemos pensar en el primer ladrón.

Alicia: Estamos casi seguras de que el primer ladrón ha sido alguien de la casa. En las cámaras de seguridad se ve que ese día salen de la casa Lorenzo Reyes, la niñera Andrea y alguien más….

Hombre del sombrero: ¿Alguien más?

Alicia: Sí, alguien que va cubierto con un sombrero y un abrigo. No se ve su rostro en las cámaras.

Hombre del sombrero: ¿Es un hombre o una mujer?

Alicia: ¡No lo sabemos!

Hombre del sombrero: ¿A qué hora sale de la casa?

Alicia: A las 10 y media.

Hombre del sombrero: ¿Y luego regresa?

Alicia: Sí, regresa a las 11.

Hombre del sombrero: ¡Definitivamente el primer ladrón es alguien de la casa!

Alicia: Sí, ¿pero quién?

Vocabulario

debemos pensar we should think
ha sido has been

48. EL HOMBRE DEL SOMBRERO DESAPARECE

Nuria y Alicia hablan con el hombre del sombrero en la tienda de libros de arte. Sin embargo, mientras charlan, un fuerte ruido hace que Nuria y Alicia se volteen. Varios libros han caído de una biblioteca. Cuando se voltean nuevamente, ¡el hombre del sombrero ha desaparecido!

Nuria: ¿A dónde se ha ido el hombre del sombrero? Hace un segundo estaba aquí sentado.

Alicia: ¡Desapareció! ¡Como por arte de magia!

Nuria: ¿Y quién dejó caer esos libros detrás nuestro? Me ha dado un gran susto….

Alicia: No lo sé. Quizá alguien nos estaba espiando desde detrás de esa biblioteca.

Nuria: ¡Qué miedo!

Alicia: Sí, este caso es muy extraño. Mira esto….

Nuria: ¿El libro que estaba leyendo el hombre del sombrero cuando llegamos? ¿Qué tiene de especial?

Alicia: No es un libro cualquiera, ¡es un cómic!

Vocabulario

el ruido noise
hace que makes
voltear to turn around
caer to fall
detrás nuestro behind us
el susto fright / scare
espiar to spy

49. ANDREA EN EL MERCADO

Nuria y Alicia salen de la tienda de libros.

Nuria: ¿Vamos a descansar? Se está haciendo tarde. Quizá podamos seguir investigando mañana por la mañana.

Alicia: Sí, ¡la vida de detective es agotadora!

Nuria: Oye, ¡mira quién anda por ahí!

Alicia: ¡Es Andrea, la niñera de Mariana Reyes!

Nuria: Sí, ¿crees que viene a menudo al mercado?

Alicia: Mmm…. No lo sé, vamos a preguntar. Disculpe señor vendedor, ¿ha visto antes a esa muchacha por aquí?

Vendedor: ¿Andrea? Sí, claro, está siempre por aquí.

Alicia: ¿Compra muchas antigüedades?

Vendedor: Pues… la verdad es que creo que no. Nunca la he visto comprar nada.

Alicia: Muchas gracias, señor.

Nuria: Es algo sospechoso, ¿no crees?

Alicia: Sí, creo que es algo bastante sospechoso.…

Vocabulario

descansar to rest
se está haciendo tarde it's getting late
agotadora exhausting
a menudo often
bastante quite / enough

50. NUEVAMENTE EN LA TIENDA DE RODOLFO GARCÍA

Nuria y Alicia están muy sorprendidas por ver a Andrea en el Mercado de las Ranas.

Nuria: Posiblemente Andrea viene solo porque le gustan las antigüedades.

Alicia: Sí, por supuesto. No necesariamente es la ladrona.

Nuria: Además, Rodolfo García dijo que la persona que le trajo los dibujos es un hombre….

Alicia: Es cierto. Podríamos ir a preguntarle, antes de volver al hotel…. Si no te molesta.

Nuria: ¡Por supuesto! Estoy cansada, pero no me importa hacer un pequeño desvío…. Ya que estamos aquí.

Alicia: ¡Eres genial, Nuria! Gracias.

Nuria: No hay por qué, Alicia. Es un placer investigar este misterio contigo. ¡Vamos!

Alicia: Mira, las ventanas de la tienda siguen rotas. Allí está el señor Rodolfo García, ¿entramos?

Nuria: Sí, claro.

Rodolfo García: ¡Hola, muchachas! ¿Cómo estáis?

Alicia: Muy bien señor. No queremos ser una molestia. Solo queríamos preguntarle nuevamente por la persona que trajo ayer los dibujos de Goya.

Rodolfo García: Ah, sí, aquella misteriosa muchacha….

Alicia: ¡¿*Muchacha*?! ¿No dijo antes que era un hombre?

Vocabulario

te molesta it bothers you
no me importa I don't mind
el desvío detour
no hay por qué you're welcome (similar to **de nada**)
la molestia bother
aquella that (far removed)

51. EL RECUERDO

Rodolfo García dice accidentalmente que quien llevó los dibujos de Goya a la tienda era una muchacha, no un hombre.

Nuria: ¿No dijo que un hombre trajo las pinturas? ¿Un hombre misterioso?

Alicia: Sí, dijo eso. ¡Lo recuerdo perfectamente! Jamás mencionó una muchacha….

Rodolfo García: Es cierto… dije que era un hombre. Pero ahora lo recuerdo bien. No fue un hombre quien me trajo los dibujos de Goya. ¡Fue una muchacha!

Alicia: ¿Por qué no dijo la verdad?

Rodolfo García: Mi memoria es muy mala…. Y no recordaba bien.

Alicia: Mmm…. ¿Y ahora recuerda?

Rodolfo García: Sí, ahora recuerdo. Era una muchacha.

Alicia: ¿Por casualidad era una muchacha de cabello rizado negro y ojos verdes?

Rodolfo García: Mmm…. Sí, ¡exactamente! Ahora lo recuerdo: era una muchacha de cabello negro rizado y ojos verdes.

Vocabulario

accidentalmente accidentally
no dijo que didn't he say that (from the verb *decir*)
la memoria memory
el cabello rizado curly hair

52. NURIA Y ALICIA DUDAN DEL SEÑOR RODOLFO GARCÍA

Alicia y Nuria salen de la tienda de Rodolfo García y toman dos bicicletas municipales para ir hacia el hotel. Mientras pedalean hacia el hotel, hablan de sus dudas.

Alicia: Hay algo extraño en el comportamiento del señor Rodolfo García, ¿no crees?

Nuria: Sí, estoy de acuerdo.

Alicia: Creo que no es completamente sincero con nosotras.

Nuria: ¿Crees que el señor Rodolfo García está mintiendo?

Alicia: Sí, creo que tal vez está mintiendo.

Nuria: ¿Crees que él es el ladrón?

Alicia: No, no creo que él sea el ladrón. El ladrón…. o *la ladrona* debe ser alguien de la casa. Él no puede ser.

Nuria: Pero puede ser que Rodolfo García tenga un trato con alguien de la casa.

Alicia: Sí, pero entonces ¿por qué tenía en venta las obras de Goya a un precio tan bajo?

Nuria: Es cierto. Aún así, creo que está mintiendo. Algo está ocultando.

Alicia: ¡Estoy de acuerdo! Es muy sospechoso.

Nuria: Pero todo indica que la ladrona es Andrea….

Alicia: Sí, tenemos que buscar una forma de comprobarlo.

Vocabulario

los municipales municipal
pedalear to cycle / to pedal
el comportamiento behaviour
¿no crees? don't you think? (from the verb *creer*)
completamente completely / totally
sincero sincere / honest
mentir to lie
ocultar to hide

53. EN EL RESTAURANTE

Nuria y Alicia van a un restaurante en el barrio madrileño de Chueca por la noche. Allí, hablan sobre el caso.

Camarero: Buenas noches, ¿qué les puedo ofrecer?

Alicia: ¡Tengo mucha hambre! Creo que quiero el cocido madrileño.

Nuria: ¿Qué es eso?

Alicia: ¡Es un plato típico de esta ciudad! Tiene sopa, garbanzos y carnes.

Nuria: Suena bien….

Camarero: ¿Usted quiere lo mismo, señorita?

Nuria: No, no, yo no tengo tanta hambre. Con un bocadillo de calamares estaré bien.

Camarero: Vale, ¡enseguida os traigo todo!

Nuria: ¡Muchas gracias!

Alicia: Bueno, ahora podemos pensar con tranquilidad.

Nuria: ¿Qué tienes en mente?

Alicia: Bueno, sospechamos que la ladrona puede ser Andrea, pero no estamos seguras. Hay una persona misteriosa que sale de la casa cubierta por un sombrero y un abrigo. También esa persona puede ser el ladrón.

Nuria: ¿Cómo podemos hacer para demostrar la culpabilidad o la inocencia de Andrea?

Vocabulario

el cocido stew
los garbanzos chickpeas
los calamares calamari / squid
la culpabilidad guilt / culpability
la inocencia innocence

54. EL PLAN

En el restaurante, Nuria y Alicia buscan una forma de comprobar si Andrea es la ladrona de los dibujos de Goya.

Alicia: ¡Tengo una idea! Es una idea que en los libros policiales normalmente funciona. Iremos mañana a la casa de Lorenzo Reyes. Allí, tiene que llamar a todos los que trabajan en la casa.

Nuria: Bien…. ¿Luego qué?

Alicia: Una vez que estén todos allí, les diremos lo que sabemos.

Nuria: ¿Qué sabemos?

Alicia: Antes que nada, les diremos que sabemos que el ladrón es alguien de la casa. Luego, les diremos que el señor Rodolfo García ha recordado que la persona que llevó los dibujos de Goya a su tienda no es un hombre, sino una mujer….

Nuria: Muy bien, ¿qué más?

Alicia: Les diremos que Rodolfo García recuerda *muy bien* el rostro de esa persona. Luego les diremos que llamaremos a Rodolfo García para que nos diga quién es el ladrón… a menos que esa persona quiera confesar todo.

Nuria: ¿Crees que funcionará? ¿Y si no funciona?

Alicia: Si nadie dice nada, llamamos al señor Rodolfo García para ver qué nos dice….

Camarero: Muchachas, aquí está vuestra comida. ¡Que aprovechen!

Alicia y Nuria: ¡Excelente! Gracias.

Vocabulario

funcionar to work
les diremos we'll tell them (from the verb *decir*)
antes que nada first of all
a menos que unless
¡Que aprovechen! Enjoy!

55. NUEVAMENTE EN LA CASA DE LOS REYES

Al día siguiente, Nuria y Alicia van una vez más a la casa de los Reyes.

Lorenzo Reyes: ¡Hola, muchachas! Un placer veros nuevamente.

Alicia: ¡Hola, señor Reyes! El placer es nuestro.

Lorenzo Reyes: ¿Pasamos a la sala?

Nuria: ¡Claro!

Alicia: Señor Reyes, hemos venido porque tenemos un plan. Creemos que hemos descubierto quién es el ladrón. ¡Es alguien de la casa!

Lorenzo Reyes: Sí, lo imaginaba, pero ¿quién?

Alicia: Para esto es el plan, para confirmar si es la persona que nosotras creemos que es.

Lorenzo Reyes: Bueno, ¿qué debemos hacer?

Nuria: Debe llamar a todos los que viven en la casa. Nos reuniremos aquí en la sala.

Vocabulario

veros to see you (all) (from the verb *ver*)
imaginar to imagine
nos reuniremos we'll meet (from the verb *reunir*)

56. LA PRUEBA

Carlos (el empleado de limpieza), Facundo (el jardinero), Marta y Jacinto (los cocineros), Daniel (el empleado de seguridad), Andrea (la niñera) y Mariana Reyes llegan a la sala. Todos saludan a Nuria y Alicia, y luego toman asiento.

Marta: ¿Qué sucede, muchachas? ¿Habéis descubierto algo sobre el robo?

Daniel: ¿Ya sabéis quién es la persona que sale de la casa con el sombrero y el abrigo?

Carlos: Con *mi sombrero* y *mi abrigo*. ¡Yo no salí de la casa en todo el sábado!

Facundo: ¿Ya sabéis dónde están los dibujos de Goya?

Lorenzo Reyes: Tranquilos, tranquilos todos. Las muchachas saben algunas cosas sobre el caso. Si hacemos silencio, nos dirán todo.

Alicia: Así es. Sabemos que el ladrón es alguien de esta casa.

Jacinto: ¡No! ¡Es imposible!

Alicia: Sí, es alguien de aquí adentro…. ¡Alguien que está en esta sala!

Carlos: ¿Y cómo lo sabéis?

Nuria: El dueño de la tienda de antigüedades donde los

dibujos aparecieron, Rodolfo García, nos ha confesado quién llevó los dibujos a la tienda….

Vocabulario

saludar to greet
tranquilos calm / relaxed
aparecer to appear

57. EL LLANTO

Cuando Nuria dice que ya saben quién es el ladrón, ¡Mariana Reyes comienza a llorar desconsoladamente!

Mariana Reyes: ¡Lo admito! ¡Confieso! ¡He sido yo!

Todos: ¿¡QUÉ!?

Mariana Reyes: Sí, yo robé los dibujos. Yo tomé el abrigo y el sombrero de Carlos asi fue como no me vieron en las cámaras, yo llevé todo a la tienda de Rodolfo García.

Lorenzo Reyes: Hija, ¿de qué hablas? ¿Tú eres la ladrona?

Mariana Reyes: Perdón, papá. ¡Estoy muy avergonzada! No quería causar todos estos problemas.

Lorenzo Reyes: Pero ¿por qué?

Mariana Reyes: Os contaré todo.... Hace varios meses, tú y yo comenzamos a discutir por dinero. Yo quería comprar más libros de historietas para mi colección, pero tú me decías que estaba gastando demasiado. Yo siempre compraba mis historietas en el Mercado de las Ranas. Solía ir con Andrea por las tardes.

Nuria: Por eso los vendedores del mercado dicen que la ven siempre a Andrea por allí, pero que nunca compra nada.

Vocabulario

llorar to cry
desconsoladamente inconsolably
avergonzada embarrassed
gastar to spend
soler to used to do something

58. LA CONFESIÓN DE MARIANA

Mariana ha confesado que ella es quien ha tomado los dibujos de Goya de la casa. Está explicando a su padre, a Alicia y Nuria, y a todos los de la casa por qué lo hizo.

Andrea: Claro, ¡yo solo llevo a la niña! No me interesan las antigüedades. Siempre ella va a comprar tebeos y yo me quedo cerca, mirando esas cosas viejas que venden allí.

Alicia: ¡Con razón! Sabíamos que Andrea no estuvo involucrada en el robo.

Andrea: ¡Claro que no! Yo jamás robaría a mi jefe. Me gusta mucho mi trabajo....

Lorenzo Reyes: Continúa, Mariana.

Mariana Reyes: Casi siempre compraba en la tienda de Rodolfo García, pero él me quería cobrar cada vez más y más caro por las historietas que conseguía. Cuando le dije que mi padre no me quería dar más dinero, me dijo que podía llevarle algún objeto valioso de mi casa....

Alicia: ¿Qué? ¿Robaste de tu padre porque Rodolfo García te dijo eso?

Vocabulario

lo hizo she did it (from the verb *hacer*)
involucrada involved
cobrar to charge
cada vez every time
conseguir to get

59. EL TRUEQUE

Mariana Reyes explica que necesitaba cada vez más dinero para pagar por historietas para su colección. Cuando su padre dejó de darle dinero, Rodolfo García le dijo que podía llevarle objetos valiosos de su casa.

Mariana Reyes: ¡No! No fue por su culpa. Me dijo que él muchas veces hacía trueque con los clientes.

Nuria: ¿Trueque?

Mariana Reyes: Sí, un trueque, un intercambio. Él me daría uno de sus objetos valiosos si yo le llevaba algo valioso.

Alicia: ¿Entonces tomaste los dibujos?

Mariana Reyes: No, eso fue mucho después. Primero comencé a llevarle objetos pequeños, cosas que encontraba por la casa.

Alicia: ¿Como qué?

Mariana Reyes: No sé, algún libro de la biblioteca, un reloj, un salero viejo….

Marta: ¡Tú te llevaste el salero de plata, niña!

Mariana Reyes: ¡Perdón! ¡No sabía lo que hacía!

Vocabulario

dejar de... to stop doing something
el trueque exchange
me daría would give me (from the verb *dar*)
encontrar to find

60. LITTLE NEMO

Mariana cuenta cómo hizo varios trueques con Rodolfo García. Finalmente, un día llega un cómic muy valioso, y Mariana debe darle algo muy valioso a cambio.

Mariana Reyes: Un día, entonces, llegó a la tienda un tebeo muy especial….

Nuria: *Little Nemo in Slumberland.*

Mariana Reyes: Exactamente. Es una edición original, en inglés, ¡firmada por el autor! Realmente debía tenerla. Rodolfo García tenía la historieta guardada especialmente para mí.

Lorenzo Reyes: ¿Fue en ese momento cuando querías cien euros para comprar un tebeo?

Mariana Reyes: ¡Sí! Pero, obviamente, no me diste el dinero. Yo estaba muy enojada. Me parecía muy importante tener esa historieta.

Alicia: Entonces, ¿qué sucedió?

Mariana Reyes: Llevé varias cosas a la tienda, para hacer un trueque, pero nada era suficiente para el señor García. Él decía que yo debía llevar algo más valioso. Entonces, pensé en tomar algo de la colección de arte de mi padre….

Vocabulario

a cambio in exchange
firmada signed
debía tenerla I had to have it

61. MARIANA, ARREPENTIDA

Mariana cuenta con detalle cómo tomó las obras de la colección de arte de su padre.

Lorenzo Reyes: ¡No lo puedo creer!

Mariana Reyes: Perdón, papá. Estoy muy arrepentida. Ese día, por la mañana, aproveché que Andrea se marchó. Luego te marchaste tú. Tomé mi llave de la habitación de la colección de arte y abrí la puerta. Luego, tomé los dibujos porque sabía que eran valiosos, pero no sabía cuánto. Incluso pensé que quizá no lo notarías, ya que tienes tantos….

Lorenzo Reyes: ¡Por supuesto que lo noté! Lo noté enseguida. Esos dibujos valen cientos de miles de euros. ¡Son lo más valioso de mi colección!

Mariana Reyes: Lo sé ahora. No sabía que eran tan valiosos…. Como eran solo dibujos, pensé que no serían mucho más caros que una historieta antigua. Luego de tomar rápidamente las tres obras, tomé el abrigo y el sombrero de Carlos, así Daniel no me vió en las cámaras de seguridad.

Vocabulario

arrepentida regretful
aprovechar I took advantage
no lo notarías you wouldn't notice it
enseguida right away

62. EL PEDIDO DE MARIANA A RODOLFO GARCÍA

Además de develar cómo sucedió el robo, Mariana explica a Alicia, Nuria y a su padre por qué Rodolfo García no dijo nada.

Mariana Reyes: Luego llevé todo a la tienda de Rodolfo García. Él estaba encantado con los dibujos, y me dio a cambio la historieta de *Little Nemo*.

Alicia: Mariana, ¿por qué Rodolfo García no nos dijo que has sido tú? Primero, dijo que fue un hombre; luego, que había sido una mujer de cabello negro y ojos verdes, ¡como Andrea! ¿Por qué nos mintió?

Mariana Reyes: ¡También es mi culpa! Después de todo el escándalo por el robo, ayer Andrea y yo fuimos un rato al Mercado de las Ranas. Allí le rogué a Rodolfo García que por favor no dijera nada.

Andrea: Es verdad, allí fuimos por la tarde.

Nuria: Sí, te vimos allí.

Mariana Reyes: Yo también las vi a vosotras, en una tienda de libros de arte, hablando con un hombre con sombrero.

Alicia: ¡Tú eras quien nos espiaba en la tienda!

Mariana Reyes: Solo quería saber si sospechaban de mí. ¡Lo lamento! ¡Perdón a todos!

Vocabulario

develar to reveal
encantado pleased
el escándalo scandal
rogar to beg
por favor, no dijera nada please, do not say anything

63. EL PERDÓN

Mientras Mariana llora desconsoladamente, Lorenzo Reyes asegura a su hija que no tiene de qué preocuparse.

Lorenzo Reyes: Hija, no es tu culpa. Cometiste un error.... Un error grave. Pero yo sé que no querías causarme ningún daño. No sabías lo que hacías. Por favor, no llores.

Alicia: Es cierto, Mariana. Ahora lo único que importa es buscar al segundo ladrón para recuperar las obras.

Lorenzo Reyes: Y si no las recuperamos, hija, yo siempre te amaré de todas formas.

Mariana Reyes: Gracias, papá. Yo también te amo y te amaré siempre. ¿Me perdonas, entonces?

Lorenzo Reyes: Por supuesto, hija. Claro que te perdono.

Alicia: Bien, ahora tenemos que investigar quién robó los dibujos de la tienda.

Lorenzo Reyes: Hay algo extraño sobre este señor, Rodolfo García.

Alicia: Nos ha mentido, es cierto. Creo que deberíamos hablar nuevamente con él.

Lorenzo Reyes: Sí, pero esta vez, debes ir con la policía....

Vocabulario

asegurar assures
preocuparse to worry oneself
la culpa fault
causarme ningún daño to cause me any harm
de todas formas anyway

64. LA POLICÍA

Lorenzo Reyes les da a Alicia y Nuria una tarjeta con un número de teléfono.

Alicia: ¿De quién es este número de teléfono?

Lorenzo Reyes: Es el número de teléfono de la detective Sánchez.

Alicia: ¿La policía que está investigando el caso?

Lorenzo Reyes: Sí, ella es policía. Es la policía encargada del caso del robo de mis dibujos.

Alicia: Deberíamos llamarla.

Lorenzo Reyes: Sí, creo que deberían llamarla. Creo que las tres podéis trabajar bien juntas.

Nuria: ¡Me parece una excelente idea!

Lorenzo Reyes: Con la detective Sánchez, pueden interrogar nuevamente a Rodolfo García. Pueden preguntarle por qué no dijo la verdad. Creo que si vais con la policía dirá la verdad.

Vocabulario

la tarjeta a business card
encargada in charge
deberíamos we ought to / we should (from the verb *deber*)
juntas together
interrogar to interrogate
dirá he'll tell (from the verb *decir*)

65. LA LLAMADA TELEFÓNICA

Alicia y Nuria llaman a la detective Sánchez por teléfono para investigar el robo de los dibujos de Goya juntas.

Detective Sánchez: ¿Hola?

Nuria: Hola, detective Sánchez. ¿Me recuerda? Mi nombre es Nuria.

Detective Sánchez: ¡Ah, Nuria! Supongo que estás con Alicia, investigando el robo de los dibujos de Goya.

Nuria: ¡Sí! ¿Cómo lo sabe?

Detective Sánchez: ¡Mi trabajo es saber esas cosas! Estoy investigando todo lo relacionado con el caso del robo de los dibujos de Goya. Sé que vosotras estáis investigando también.

Nuria: Sí, hemos averiguado algunas cosas…. No queremos interferir con la policía, por supuesto.

Detective Sánchez: No, no es ningún problema. ¿Cuál es el motivo de vuestra llamada?

Nuria: Si es posible, detective, nos gustaría reunirnos con usted. Creemos que podríamos ayudar con las cosas que sabemos, y creemos que usted también podría ayudarnos a avanzar con la investigación.

Vocabulario

¿me recuerda? do you remember me?
interferir to interfere
el motivo the reason
ayudar to help
avanzar to advance / to progress

66. LA REUNIÓN EN EL PARQUE

Alicia y Nuria quedan para reunirse con la detective Sánchez en la Plaza de España, en Madrid, cerca del Templo de Debod. La detective Sánchez es una mujer de unos 40 años. Es alta, tiene cabello castaño y ojos negros. Usa gafas rojas.

Detective Sánchez: Hola, muchachas.

Nuria: Hola, detective. Es un placer.

Detective Sánchez: ¡El placer es mío! Ahora contadme, muchachas, ¿qué habéis averiguado hasta ahora?

Alicia: Lo que sabemos es esto: Mariana, la hija de Lorenzo Reyes, tiene una colección de tebeos que es muy importante para ella. Normalmente, compra sus libros de cómics en el Mercado de las Ranas. Hace un tiempo, suele comprar los libros en la tienda del señor Rodolfo García. Como su padre dejó de darle dinero para comprar historietas, ella comenzó a robar objetos de la casa, para cambiarlos por las historietas en la tienda.

Detective Sánchez: ¿El señor Rodolfo García estuvo involucrado entonces?

Alicia: Mariana dice que no. Que él solo le dijo que podían hacer un trueque....

Vocabulario

quedar to agree to meet
hasta ahora up until now
poder hacer to be able to do

67. EL PLAN CON LA DETECTIVE SÁNCHEZ

Las muchachas cuentan a la detective Sánchez todo lo que saben sobre el caso del robo de los dibujos de Goya hasta el momento.

Detective Sánchez: ¿Qué saben sobre el segundo robo?

Alicia: No mucho. Sabemos que, cuando vimos las obras y las reconocimos, el señor Rodolfo García llamó a un amigo suyo… un experto en arte, para verlas el día siguiente.

Detective Sánchez: ¿Y luego qué?

Alicia: Luego, esa noche, alguien rompió las ventanas de la tienda y robó los dibujos.

Detective Sánchez: Vosotras no habéis sido, ¿verdad?

Nuria: Jajajajaja.

Alicia: No, no, claro que no.

Detective Sánchez: Solo quería confirmarlo. Es mi trabajo.

Nuria: Nosotras solo queremos que esas obras vuelvan a la colección del señor Lorenzo Reyes, donde estarán bien cuidadas.

Detective Sánchez: Ya veo. Hagamos un plan.

Alicia: Bien, ¿qué debemos hacer a continuación?

Detective Sánchez: Debemos visitar una vez más la tienda del señor Rodolfo García…. Hay alguna pista que nos está faltando….

Vocabulario

un amigo suyo a friend of his
bien cuidadas well taken care of
hacer un plan to make a plan
a continuación next
estar faltando to be missing

68. EL INTERROGATORIO

Nuria, Alicia y la detective Sánchez van a hablar con Rodolfo García en su tienda. La detective Sánchez le muestra, en su teléfono móvil, una foto de Mariana Reyes.

Detective Sánchez: Mire esta fotografía, señor García. ¿Reconoce a esta niña?

Rodolfo García: Sí, sí, la reconozco.

Detective Sánchez: ¿Sabe cómo se llama?

Rodolfo García: Sí, es la niña de la mansión Reyes... Mariana.

Detective Sánchez: Bien. ¿Cómo la conoce?

Rodolfo García: Ella viene a comprar historietas a la tienda con frecuencia.

Detective Sánchez: Señor García, ¿esta niña le trajo los dibujos de Goya?

Rodolfo García: Sí, sí, fue ella.

Alicia: ¿Por qué no lo dijo antes?

Rodolfo García: Sé que está mal mentir, de veras. Pero es solo una niña. No podía traicionarla así. Hace años viene a comprar historietas. Es una de mis mejores clientes. Tiene confianza conmigo. Por eso no dije quién trajo los dibujos. Decidí mantener el secreto, por ella.

Detective Sánchez: ¿Usted sabía que las cosas que traía eran robadas?

Rodolfo García: ¡Claro que no! No tenía idea.

Vocabulario

¿cómo la conoce? How do you know her?
traicionar to betray
así like that
tener confianza conmigo to have trust in
mantener to keep / to maintain

69. UN NUEVO SOSPECHOSO

La detective Sánchez, Alicia y Nuria continúan haciendo preguntas a Rodolfo García para encontrar al segundo ladrón.

Detective Sánchez: Señor García, ¿quién sabía que los dibujos de Goya estaban aquí? ¿Usted le dijo a alguien?

Rodolfo García: Mmm… déjeme pensar. Bueno, además de mí, lo sabían ellas dos. Creo que nadie más….

Nuria: ¿Y qué hay de su amigo?

Rodolfo García: ¿Qué amigo?

Nuria: El especialista en arte español.

Detective Sánchez: ¿De quién hablan?

Nuria: Cuando reconocimos los dibujos, el señor García llamó a un amigo, especialista en arte, para confirmar que fueran dibujos originales de Goya. Él iba a venir al día siguiente.

Detective Sánchez: ¿Quién es este hombre, García?

Rodolfo García: Se llama Manuel Valverde.

Detective Sánchez: ¿Podemos hablar con él?

Vocabulario

continuar haciendo preguntas to keep asking questions
déjeme pensar let me think
¿De quién hablan? Who are you (plural) talking about?

70. LA BÚSQUEDA DE MANUEL VALVERDE

El señor Rodolfo García le da a la detective Sánchez información sobre Manuel Valverde: su dirección y su número de teléfono. Luego, las tres salen de la tienda.

Alicia: ¿Qué piensa, detective Sánchez?

Detective Sánchez: Creo que deberíamos hablar con Manuel Valverde. Quizá es la persona que buscamos. Vamos a intentar llamarlo a su casa…. Voy a hacerlo ahora mismo.

Nuria: ¿Nadie contesta el teléfono?

Detective Sánchez: No. Da tono, pero nadie contesta.

Nuria: ¿Probamos con el móvil?

Detective Sánchez: Sí, ahora lo llamaré al móvil.

Alicia: ¿Funciona?

Detective Sánchez: No. Parece que su móvil está apagado.

Nuria: Es algo sospechoso.

Detective Sánchez: Sí, es extraño.

Alicia: ¿Deberíamos ir a su casa, para hablar con él?

Detective Sánchez: ¡Sí! ¿Queréis venir conmigo?

Alicia: Claro, ¡vamos!

Nuria: ¡Vamos!

Vocabulario

la búsqueda search
voy a hacerlo I'm going to do it
da tono it's ringing
estar apagado to be turned off

71. LA ÚLTIMA UBICACIÓN

La detective Sánchez lleva a Nuria y Alicia hasta la dirección que Rodolfo García les dio. Tocan el timbre, pero nadie sale a la puerta. Mientras, la detective Sánchez habla con sus colegas policías para comprobar la dirección y los teléfonos del hombre.

Detective Sánchez: Efectivamente, esta es la dirección de Manuel Valverde, doctor en Historia del Arte, especializado en arte español.

Alicia: ¡Qué raro! ¿Verdad? No contesta el teléfono, no hay nadie en la casa y tiene el móvil apagado.

Detective Sánchez: Sí, es extraño. Mis colegas están intentando averiguar la ubicación de su móvil.

Nuria: ¿Pueden hacer eso?

Detective Sánchez: Sí, pueden localizar su teléfono si ha activado el GPS recientemente. ¡Lo han encontrado! Dicen que la última ubicación del móvil fue detectada en San Sebastián hace un par de horas.

Alicia: ¿San Sebastián? Eso es a unas cuatro horas de aquí…. ¿Qué hace allí?

Nuria: Creo que sé qué puede hacer allí….

Detective Sánchez: ¿Qué?

Nuria: Hoy comienza una feria muy importante de arte en San Sebastián. Van coleccionistas de arte de todo el mundo.

Alicia: O sea que....

Detective Sánchez: O sea que si él tiene los dibujos de Goya, puede venderlos allí....

Vocabulario

la ubicación location
tocar to press / to touch
efectivamente indeed
es extraño it's weird / odd
detectada detected
un par a few
la feria fair
los coleccionistas collectors
o sea que... in other words

72. EL VIAJE A SAN SEBASTIÁN

Alicia, Nuria y la detective Sánchez sospechan de Manuel Valverde, quien parece estar en San Sebastián.

Detective Sánchez: Bueno, muchachas. El siguiente paso es viajar a San Sebastián. Debemos evitar que esos dibujos se vendan en el mercado negro.

Alicia: Además…. San Sebastián está muy cerca de la frontera con Francia.

Nuria: Sí, si las obras se venden, podrían salir del país muy rápidamente.

Detective Sánchez: Exacto. Hay que salir lo antes posible. Entiendo si prefieren quedarse aquí y disfrutar de sus vacaciones.

Alicia: ¡¿Bromea, detective Sánchez?! ¡No nos perderíamos esto por nada en el mundo!

Detective Sánchez: Jajaja. Bueno, entonces subid al coche, ¡porque salimos ahora mismo!

Nuria: ¡Esto es una locura!

Alicia: Si quieres quedarte, lo entiendo….

Nuria: ¡No, claro que no! Es una locura… en la que quiero participar.

Detective Sánchez: Bueno, no se diga más.

Vocabulario

vender to sell
la frontera border
bromear to kid / to joke
no nos perderíamos esto we wouldn't miss this
subid get in (from the verb *subir*)
no se diga más say no more

73. LA FERIA DE ARTE DE SAN SEBASTIÁN

La detective Sánchez, Alicia y Nuria viajan hacia la ciudad costera de San Sebastián en la patrulla de la detective Sánchez. La Feria de Arte de San Sebastián está repleta de visitantes, de coleccionistas y de artistas. Hay cientas de personas.

Alicia: ¿Cómo buscamos a este hombre entre toda esta gente?

Detective Sánchez: ¡Tengo su fotografía! Me la han enviado de la central de policía. ¡Mirad!

Nuria: Es un hombre mayor. Debe tener sesenta años.

Detective Sánchez: Sesenta y dos años, según el reporte que me han enviado.

Alicia: Tiene el cabello cano, bastante largo. Y usa gafas con marco dorado.

Nuria: No será muy difícil encontrarlo.

Detective Sánchez: Podemos dividirnos. Nuria, tú ve por la derecha. Alicia, tú ve por la izquierda. Yo iré por el pasillo central.

Alicia: Perfecto.

Nuria: ¡Vamos!

Vocabulario

costera coastal
el hombre mayor older man
según based on / according to
el marco dorado gold frame
podemos dividirnos we can divide up

74. LA PERSECUSIÓN

La detective Sánchez, Alicia y Nuria se dividen para buscar a Manuel Valverde en la Feria de Arte de San Sebastián.

Nuria: ¡Alicia, Alicia! ¡Lo he visto! Lleva un maletín. ¡Creo que se ha ido en aquella dirección!

Detective Sánchez: ¿Habéis visto algo?

Alicia: Sí, Nuria dice que cree que lo ha visto por allá. ¡Tiene un maletín!

Detective Sánchez: Perfecto, vamos en esa dirección.

Nuria: ¡Mirad! Allí está.

Alicia: No lo veo. ¿Cuál es?

Nuria: Es el hombre con el traje morado.

Detective Sánchez: Allí está, subiendo la escalera.

Alicia: Lo he visto. ¿Cómo hacemos para detenerlo?

Detective Sánchez: Alicia, tú ve por aquella escalera. Yo iré por esta escalera. Nuria, tú quédate aquí, por si baja.

Nuria: ¡Vale!

Vocabulario

maletín briefcase
la escalera the stairs
detenerlo to stop him
baja comes down
ve go (command form)

75. MANUEL VALVERDE

La detective Sánchez y Alicia corren hacia el hombre, cada una por un extremo distinto del pasillo. Cuando llegan hasta él, ambas corriendo, el hombre se asusta y suelta su maletín, que se abre. Dentro del maletín había....

Alicia: ¿Una banana?

Detective Sánchez: ¿Qué es esto?

Manuel Valverde: ¿Quiénes sois vosotras? ¿Qué queréis? Sí, es mi merienda. ¿Cuál es el problema?

Detective Sánchez: Lo siento, señor Valverde. Yo soy la detective Sánchez, de Madrid. ¿Podemos hablar con usted?

Manuel Valverde: Sí, claro. ¿Está todo en orden?

Detective Sánchez: Eso veremos....

Manuel Valverde: Bueno, ¿qué es lo que sucede?

Detective Sánchez: Hemos intentando contactarnos con usted desde esta mañana. Fuimos a su casa, le llamamos al teléfono, pero no obtuvimos respuesta.

Manuel Valverde: Bueno, sí. Obviamente no estoy en mi casa. Estoy aquí en mis vacaciones.... Y en cuanto al móvil, no tiene carga desde hace algunas horas. ¿Algún problema con eso?

Detective Sánchez: No, claro que no. ¿Conoce usted a Rodolfo García?

Vocabulario

asustarse to get scared
soltar to let go / to drop
la merienda snack
¿Está todo en orden? Is everything okay?
obtener to get / to obtain
la carga charge (battery life)

76. LA HISTORIA DE MANUEL

Manuel Valverde, en la Feria de Arte de San Sebastián, contesta las preguntas de la detective Sánchez, Alicia y Nuria.

Manuel Valverde: Sí, conozco a Rodolfo García. No es un amigo cercano, pero sé quién es. Es ese sujeto que vende cosas robadas en la tienda del Mercado de las Ranas, ¿verdad? ¿Qué sucede con él?

Detective Sánchez: ¿Usted ha hablado con él recientemente?

Manuel Valverde: Pues, no. No hablo con él hace más de un año. ¿Por qué?

Detective Sánchez: ¿Rodolfo García no llamó a usted el sábado pasado para citarlo en su tienda por unos dibujos de Goya?

Manuel Valverde: Jajaja. ¡Claro que no!

Detective Sánchez: Él dijo que lo llamó para preguntarle sobre la autenticidad de los dibujos.

Manuel Valverde: Claro que no. Jamás hizo eso.

Alicia: Pero lo llamó delante nuestro.

Manuel Valverde: Pues ese embustero debe haber fingido. A mí no me ha llamado nadie.

Vocabulario

un amigo cercano a close friend
citar to make an appointment
la autenticidad authenticity
delante nuestro in front of us
el embustero liar
fingido fake

77. LA LLAMADA INEXISTENTE

La detective Sánchez se contacta con la central de policía en Madrid para confirmar si Rodolfo García ha realizado alguna llamada el día del robo a Manuel Valverde.

Detective Sánchez: ¡Parece que Rodolfo García no ha realizado ninguna llamada!

Nuria: ¿De veras?

Detective Sánchez: Sí, eso me dicen desde la estación de policía de Madrid. Han rastreado las llamadas y no hay ninguna llamada desde el teléfono de Rodolfo García ese día.

Manuel Valverde: Es exactamente lo que les he dicho. A mí no me ha llamado nadie.

Detective Sánchez: ¿Desde cuándo conoce a Rodolfo García?

Manuel Valverde: Lo conozco hace algunos años. A veces iba a su tienda, en el Mercado de las Ranas, para ver antigüedades….

Detective Sánchez: ¿Pero no son amigos?

Manuel Valverde: No, claro que no. Simplemente es un hombre al cual a veces compraba objetos. Pero, como ya dije, no hablo con él hace más de un año….

Detective Sánchez: ¿Por qué?

Manuel Valverde: Pues, la verdad es que no me gustaba mucho su negocio.

Detective Sánchez: ¿Por qué no?

Manuel Valverde: ¡Porque tenía muchos objetos robados!

Vocabulario

realizar to make / to realise
rastrear to track
¿Desde cuándo conoce…? How long have you known…?
el negocio business

78. EL ENGAÑO

La detective Sánchez termina de interrogar a Manuel Valverde y, luego de revisar su equipaje, lo deja ir. Entonces, habla con Alicia y Nuria sobre qué deben hacer a continuación.

Detective Sánchez: ¿Qué pensáis, muchachas?

Alicia: Creo que es evidente que Manuel Valverde no tiene nada que ver con todo esto. ¡Hemos sido engañadas!

Nuria: Sí, hemos sido engañadas por Rodolfo García. ¡Y no es la primera vez que nos miente! Seguramente sabía que Manuel Valverde venía todos los años a esta feria de arte. Lo usó para alejarnos de la ciudad.

Alicia: ¿Cree que es posible arrestar a Rodolfo García, detective Sánchez?

Detective Sánchez: No tenemos pruebas aún. Si bien parece que nos ha mentido, no podemos arrestarlo solo por eso. Debemos encontrarlo 'con las manos en la masa'. Debemos encontrar los dibujos de Goya.

Alicia: ¿Pero qué pasa si está escapando ahora mismo, aprovechando que estamos aquí, en San Sebastián?

Detective Sánchez: Voy a llamar ahora mismo a la central de policía de Madrid para vigilarlo. Ellos cuidarán que no escape. Si intenta huir con los dibujos, lo arrestamos.

Nuria: ¿Vamos, entonces?

Detective Sánchez: ¡Vamos!

Vocabulario

el engaño trick / scam
el equipaje luggage
lo deja ir let him go
¡Hemos sido engañadas! We've been tricked!
alejarse to get away
las pruebas evidence / proof
con las manos en la masa caught red handed
vigilar to watch / to keep an eye on
huir to escape

79. EL VIAJE DE REGRESO

Durante el viaje de vuelta a Madrid, la detective Sánchez le pide a Nuria que le de detalles sobre las obras.

Detective Sánchez: Si encontramos a Rodolfo García con los dibujos de Goya, debemos asegurarnos de que sean realmente lo que buscamos. ¿Puedes describir los dibujos?

Nuria: Claro. Son tres dibujos.

Detective Sánchez: ¿Son muy grandes?

Nuria: No son realmente muy grandes. Pueden caber dentro de un maletín sin problemas.

Detective Sánchez: Muy bien, ¿qué más?

Nuria: El papel es muy viejo. No es blanco, sino amarillento.

Detective Sánchez: Genial, ¿de qué son los dibujos?

Nuria: Uno de los dibujos muestra al dios del vino, Baco.

Detective Sánchez: ¿El dios del vino?

Nuria: Sí, es un antiguo dios romano. Siempre aparece con una copa de vino en la mano, y con uvas en su cabeza.

Detective Sánchez: Bien, ¿qué hay de los otros dos dibujos?

Nuria: Otro dibujo muestra dos muchachas jóvenes tomadas de la mano. Llevan largas túnicas. Una de las muchachas tiene el pelo recogido; la otra lleva el pelo largo suelto.

Detective Sánchez: Excelente, ¿y el tercer dibujo?

Nuria: El tercer dibujo es de un monstruo: un hombre con alas de murciélago y con piernas de cabra.

Detective Sánchez: ¡Terrorífico!

Vocabulario

caber to fit
deber asegurar to have to be sure
amarillento yellowish
el dios del vino the wine god
las uvas grapes
la túnica tunic / robe
el pelo recogido hair tied up
el pelo suelto hair down
el murciélago bat
la cabra goat

80. LA HUÍDA

Después de algunas horas, Alicia, Nuria y la detective Sánchez llegan a Madrid. Es de madrugada. El sol está saliendo y las calles comienzan a llenarse de madrileños que van a sus trabajos. Van directamente a la tienda de Rodolfo García.

Detective Sánchez: Ese coche de la policía está controlando que Rodolfo García no huya. Vamos a preguntarles a mis colegas si han visto algo extraño.

Alicia: ¡Vale!

Detective Sánchez: Hola, oficial Gallo. Estas son Alicia y Nuria. Están colaborando con la investigación. ¿Cómo va todo? ¿Lo han visto?

Oficial Gallo: Hola, Sánchez. Buen día, muchachas. El señor García tiene un vivienda sobre la tienda. Desde anoche está allí adentro. Apagó las luces hace algunas horas. Estamos a la espera de algún movimiento.

Nuria: ¡Mirad! Allí sale de la casa.

Detective Sánchez: Lleva un maletín. Vamos. ¡Señor García, deténgase!

Alicia: ¡Sale corriendo! ¡Hay que atraparlo!

Detective Sánchez: Enciende las sirenas del coche y ve tras él, Gallo.

Oficial Gallo: Se ha metido por aquel callejón angosto. El coche no pasa por ahí.

Detective Sánchez: ¡Corramos tras él!

Vocabulario

la madrugada dawn / early morning
los madrileños people from Madrid
no huya doesn't escape (from the verb *huir*)
la vivienda a dwelling / a house
deténgase Stop! (from the verb *detener*)
las sirenas sirens
meterse to get into
angosto narrow
tras after / behind

81. LA PERSECUCIÓN

Nuria, Alicia y la detective Sánchez van corriendo salen corriendo tras Rodolfo García, ya que la patrulla no cabe en el callejón por el que se ha metido.

Alicia: ¡Este callejón es muy oscuro!

Nuria: No veo nada. ¿Creéis que se está escondiendo por aquí?

Alicia: Oigo su respiración por algún lado.

Detective Sánchez: Esperad. Encenderé mi linterna.

Alicia: ¡Mucho mejor! Allí, detrás de esos cubos de basura, ¡algo se mueve!

Detective Sánchez: ¡Silencio! Voy a acercarme sigilosamente….

Gato: ¡MIAAAAUUUU!

Alicia y Nuria: ¡AAAAAHHHHH!

Detective Sánchez: Tranquilas, ¡solo era un gatito! Pero, ¿dónde se ha metido este hombre?

Alicia: Allá va, ¡sale por el otro lado!

Detective Sánchez: ¡Vamos!

Nuria: ¡Sí que corre rápido!

Alicia: Ha doblado a la izquierda.

Detective Sánchez: Estas calles son muy retorcidas, puede que quiera perdernos de vista. Vamos a dividirnos, como antes. Nuria, tú ve por la derecha. Alicia, tú ve por la izquierda. Yo iré derecho tras él. No creo que sea peligroso, pero si tiene un arma deben arrojarse al suelo.

Nuria: ¡¿Un arma?! Pero si es solo un viejo ladrón….

Detective Sánchez: Nuria, ¡no sabes las cosas que la gente es capaz de hacer por dinero!

Vocabulario

la patrulla patrol car
oscuro dark
está escondiendo he's hiding
la respiración breathing
los cubos de basura trash cans
la arma firearm

82. LAS BICICLETAS

Las tres salen corriendo en direcciones distintas. En el silencio de la madrugada, pueden oír los pasos de Rodolfo García no muy lejos. Sin embargo, un minuto después, las tres se encuentran frente a frente del otro lado de la manzana.

Nuria: ¡Maldición! ¿Dónde se ha metido?

Alicia: Allí está. Ha llamado un taxi. ¡Mirad!

Detective Sánchez: Sí, es él. Si sube a ese auto, no tendremos posibilidad de atraparlo.

Nuria: A menos que lo sigamos en nuestros propios vehículos.

Detective Sánchez: Pero el auto de policía no está aquí. Lo perderemos de vista.

Nuria: No, me refiero a *esos* vehículos.

Alicia: ¡Las bicicletas municipales! ¡Claro que sí!

Detective Sánchez: ¿Tenéis vuestras tarjetas de transporte a mano?

Alicia y Nuria: ¡Siempre!

Detective Sánchez: Venga, vamos entonces, ¡arriba!

Alicia: ¡Qué emocionante! Me siento como en una de mis novelas….

Nuria: ¡Qué terrorífico! Me siento como en una de tus novelas….

Detective Sánchez: Chicas, estas son bicicletas eléctricas, si queremos alcanzarlo debemos subir la intensidad al máximo, ¿estáis listas?

Alicia: ¡Sí!

Nuria: ¡No!

Detective Sánchez: ¡Ahora!

Vocabulario

la manzana block / apple
Lo perderemos de vista we'll lose sight of him
¡Qué emocionante! How exciting!

83. LA CAÍDA

Las tres ponen la asistencia eléctrica de las bicicletas al máximo, por lo que salen disparadas tras el coche y lo alcanzan en unos pocos segundos. La detective Sánchez es la que va primera. Cuando está por alcanzarlo, sin embargo, Rodolfo García abre la puerta del taxi y la detective Sánchez golpea contra ella con fuerza. Cae en medio de la calle, junto a su bicicleta. Las muchachas se detienen.

Detective Sánchez: ¿Qué hacéis? ¡Seguid!

Nuria: Pero, ¿estás bien?

Detective Sánchez: Sí, sí, solo es un raspón, ¡seguid!

Alicia: ¡Vale!

Nuria: ¡Está detenido en el semáforo! Vamos.

Alicia: Cuidado con las puertas del coche, mantén distancia.

Rodolfo García: ¡Alejaos! No os daré nada.

Alicia: Ya detenga esta locura, señor. La policía lo detendrá de cualquier forma.

Rodolfo García: Claro que no.

Nuria: El semáforo ya está en verde, ¡se aleja!

Alicia: Y aunque lo alcancemos, ¿qué hacemos? Tenemos que pensar un plan.

Vocabulario

las disparadas soaring
alcanzar to reach
golpear to hit
¡Seguid! Keep going! (from the verb *seguir*)
el raspón scrape
el semáforo traffic light

84. EL PLAN

Mientras pedalean detrás del taxi, las muchachas elaboran un plan sencillo para recuperar el maletín. Cada vez hay más automóviles en las calles.

Alicia: Bueno, la ventana del lado izquierdo está abierta. Podemos acercarnos por ahí.

Nuria: ¿Crees que hay suficiente espacio para sacar el maletín por ahí?

Alicia: No, no, solo nos acercaremos a hablarle. Una de nosotras lo hará. La otra debe acercarse por el otro lado, por la derecha. Después de abrir la puerta para golpear a la detective Sánchez, no ha cerrado bien la puerta.

Nuria: ¿Y, una vez que abramos la puerta, qué hacemos?

Alicia: Una vez que abramos la puerta, nos metemos al coche sigilosamente ¡y tomamos el maletín sin que lo note!

Nuria: ¡¿Qué?! Eso lo haces tú, ¡yo no pienso meter un dedo dentro de ese coche con ese maniático dentro?

Alicia: Bueno, entonces debes ser la distracción.

Nuria: Vale. A ver qué me invento....

Vocabulario

elaborar to create
acercar to get closer
sacar to take out / to get out
sigilosamente stealthily
maniático maniac
la distracción distraction

85. LA DISTRACCIÓN

El coche llega hasta Gran Vía, donde debe detenerse en un semáforo. Las muchachas aprovechan el momento. Nuria se acerca primero por la puerta izquierda, cuya ventanilla está baja.

Rodolfo García: ¡Aléjate, niña! No quieres salir lastimada....

Taxista: Es verdad, muchacha, debes mantener una distancia con los automóviles, si no quieres sufrir un accidente.

Rodolfo García: ¡Tú cállate!

Taxista: ¡Qué maleducado!

Nuria: Señor García, debe devolver ese maletín. Sabe que tarde o temprano lo atraparán.

Rodolfo García: ¿Atraparme por qué? Si no he hecho nada. Este maletín me pertenece.

Nuria: No me refiero al maletín, ¡me refiero a lo que hay dentro!

Rodolfo García: Lo que hay dentro lo conseguí legalmente. La niña lo trajo a mi tienda y se lo cambié por una valiosísima historieta de cien años de antigüedad. Una vez que hago un buen negocio, ¿por qué debo devolver mis ganancias?

Taxista: ¿Y aquella qué hace por la otra puerta?

Rodolfo García: ¡OYE! ¿QUÉ SUCEDE AQUÍ?

Vocabulario

cuya ventanilla whose window
salir lastimada to get hurt
¡Tú cállate! you shut up
¡Qué maleducado! How rude!
devolver to return
¡OYE! HEY!

86. LA DISCUSIÓN

Mientras Rodolfo García habla con Nuria, Alicia se comienza a colar lentamente por la puerta de la derecha, hasta que el taxista la ve. Entonces, Rodolfo García se aferra al maletín, la empuja a Alicia fuera del coche y sale del vehículo.

Rodolfo García: Niñas, comprendedlo. ¡No voy a devolver estos dibujos! ¡Son *míos, míos míos*!

Alicia: Esos dibujos pertenecen a Lorenzo Reyes y usted lo sabe.

Rodolfo García: ¡Claro que no! Fue un trueque justo, una buena oportunidad de negocios, yo solo la aproveché. Ni siquiera sabía que esos dibujos eran de Goya. Vosotras lo sabéis. Podrían haber sido de cualquier otro, podrían no haber tenido valor. Fue mi instinto de comerciante, que me llevó a hacer un buen negocio, ¡y ahora me lo queréis arrebatar!

Nuria: ¡Claro que no! Usted es un mentiroso. Usted sabía que había objetos de valor en esa casa y convenció a una niña inocente de robarle a su padre.

Vocabulario

colar to sneak
aferrarse to cling to / to grasp
justo fair
el instinto de comerciante business instinct
me lo queréis arrebatar you (all) want to take it away from me
mentiroso a liar
convencer to convince

87. ¡EL ARMA!

Rodolfo García está rojo de cólera. Está cada vez más enojado. Está de pie en medio de la Gran Vía, enfrentado a las muchachas. Los automóviles pasan a los lados, velozmente.

Rodolfo García: ¡Yo nunca le dije que robara!

Nuria: Sabía perfectamente que la niña estaba robando. De otra forma, ¿por qué llegaba a su tienda con objetos, y no con dinero? Además, la manipuló para que le llevara cosas cada vez más y más valiosas.

Rodolfo García: Vosotras estáis locas. ¡Yo jamás haría eso! Yo no he manipulado a nadie. Solo soy un hombre de negocios. Me dedico a las antigüedades. Estas son antigüedades, ¡y son mías!

Alicia: ¡No! Son de Lorenzo Reyes, ¡y va a devolverlas a su dueño original!

Rodolfo García: ¿Ah, sí? ¡Pues no lo creo!

Nuria: Cuidado, Alicia, ¡está sacando un arma!

Alicia: Dios mío, ¡la detective Sánchez tenía razón! ¡Está armado!

Nuria: Señor, ¡baje ese arma! No haga algo estúpido.

Rodolfo García: ¡PUES ENTONCES MARCHAOS, PORQUE YA HE TENIDO SUFICIENTE!

Taxista: No, ¡yo he tenido suficiente!

Vocabulario

está rojo de cólera red with anger
velozmente quickly / rapidly
la manipuló manipulated her
¡Está armado! he's armed
No haga algo estúpido don't do something stupid

88. PEPE

El taxista, al ver que Rodolfo García sacaba un arma y la apuntaba a las muchachas, tomó un pequeño bate de softball de la guantera de su coche y se acercó lentamente detrás del hombre. Al ver que estaba a punto de disparar, le golpea con todas sus fuerzas en la cabeza. Rodolfo García cae inconsciente al suelo.

Taxista: ¡Y no te desmayes por mucho tiempo, que me debes siete euros con treinta céntimos!

Alicia: ¡Gracias, señor! Nos ha salvado, creo que realmente iba a dispararnos.

Nuria: ¿Siempre lleva un bate de béisbol en el coche?

Taxista: Jajaja, ¡no! Es de mi hijo. Tiene práctica de softball esta tarde. ¡Fue casualidad!

Detective Sánchez: Estáis todos bien, ¿qué ha sucedido?

Alicia: Rodolfo García bajó del coche y nos confrontó. Estaba muy enfadado. En un momento, ¡sacó un arma! Entonces este buen hombre se acercó por detrás ¡y lo noqueó de un golpe!

Detective Sánchez: Muchas gracias, señor. ¿Cómo es su nombre?

Taxista: Me llaman Pepe. ¿Qué hay en ese maletín, de todas formas, que os tiene a todos tan preocupados?

Vocabulario

apuntar to point to
la guantera glove compartment
el suelo ground
desmayarse to faint
deber to owe
salvar to save
¡fue casualidad! it was a coincidence
confrontar to confront
enfadado angry
noquear to knocked out

89. EL MALETÍN

La detective Sánchez esposa a Rodolfo García, con las manos detrás de la espalda. Llama por el walkie a la patrulla de la policía y pide que envíen una ambulancia. Luego, bajo la mirada atenta de Nuria, Alicia y Pepe, abre el maletín que ha quedado en el suelo. Dentro, ¡están los dibujos de Goya!

Nuria: No puedo creer que finalmente recuperamos los dibujos.

Pepe: ¡Qué bonitos! ¿Los has hecho tú?

Nuria: No, no, los ha hecho Francisco de Goya, el más grande artista de la historia del arte española.

Pepe: ¿Goya? Claro, amo sus obras. Siempre llevo a mi hijo a El Prado, donde hay varias de sus pinturas. ¿Qué van a hacer con ese maletín ahora?

Alicia: Vamos a devolverlo a su dueño, el señor Lorenzo Reyes…. Y creo que tú deberías venir con nosotras, ya que has ayudado a recuperarlo.

Vocabulario

las esposas handcuffs
la espalda back
recuperar to recuperate / to recover

90. RODOLFO GARCÍA DESPIERTA

En ese momento, Rodolfo García se despierta. Parece bastante confundido, en un incio, pero de inmediato vuelve a su estado de cólera cuando se da cuenta de que está esposado. Intenta ponerse de pie, pero no lo logra.

Rodolfo García: ¿Qué es eso? Quitadme estas esposas. Yo no he hecho nada.

Nuria: Ah, ¿no?

Rodolfo García: No, claro que no.

Detective Sánchez: Pues a mí me parece que va a permanecer esposado.

Rodolfo García: Mire, señora policía, como les he explicado antes a estas muchachas, yo he obtenido estos dibujos de forma legal. Tengo una tienda de compra e intercambio de antigüedades. Un cliente me trajo estos dibujos y yo le di algo muy valioso a cambio. ¡Es todo completamente legal!

Detective Sánchez: ¿Ah, sí? ¿Y mentir a la policía es legal? ¿Y sacar un arma y apuntar a dos muchachas es completamente legal? Si hubiera dicho la verdad desde un inicio, estaría libre. En cambio, señor, ¡ahora sin duda irá a la prisión!

Rodolfo García: ¡Demonios!

Pepe: ¿Alguien ha dicho 'recompensa'?

Vocabulario

despertarse to wake up
en un incio at first
no lo logra he isn't able to do it
quitadme take these off me
permanecer esposado to stay handcuffed
¡Demonios! Darn it!

91. LA PARTIDA DE RODOLFO GARCÍA

Un rato después, llegan dos autos de la policía y una ambulancia, donde se llevan a Rodolfo García esposado, para que no intente escapar.

Alicia: Bueno, parece que ya no tendremos que oír más mentiras de Rodolfo García....

Nuria: ¡Al fin! Ha sido realmente agotador.

Detective Sánchez: Muchachas, realmente habéis hecho un muy buen trabajo.

Pepe: ¡No se olvide de mí, oficial!

Detective Sánchez: Jajaja. Claro, Pepe. Tu papel ha sido breve pero fundamental en la captura de Rodolfo García.... ¡Probablemente has salvado la vida de estas muchachas!

Nuria: Tu hijo estará orgulloso de ti.

Pepe: Creo que no me creerá nada de lo que ha sucedido hoy.

Alicia: ¿Qué hacemos ahora?

Detective Sánchez: Ahora es momento de ir a la casa de Lorenzo Reyes. Debemos devolver estas obras a su hogar.

Vocabulario

no se olvide de mí don't forget about me
ha sido breve it has been brief
capturar to capture
orgulloso proud
hogar home

92. EL REGRESO DE LAS OBRAS

En los autos de policía y en el taxi de Pepe, todos van hacia la mansión de Lorenzo Reyes, a quien llaman en el camino. La detective Sánchez lleva el maletín con las obras. Cuando se acercan, Lorenzo ya les espera en la puerta de la casa, con una enorme sonrisa.

Lorenzo Reyes: ¡Nuria! ¡Alicia! Detective, ¡entrad, entrad!

Alicia: ¡Señor Reyes! Hemos recuperado los dibujos.

Lorenzo Reyes: ¡Lo sé! Esto es increíble. Me siento realmente agradecido.

Pepe: Hola, yo soy Pepe. Salvé a las muchachas a último momento, cuando ese horrible ladrón les iba a disparar.

Lorenzo Reyes: ¿De veras? ¡No lo puedo creer! Ven, Pepe, cuéntame todo. Quiero oír cada detalle.

Detective Sánchez: Las muchachas y Pepe han hecho un trabajo excelente. Estamos muy satisfechos por su esfuerzo, ya que al fin las obras pueden volver a su hogar.

Lorenzo Reyes: ¡Pero este no es su hogar!

Todos: ¡¿Qué?!

Lorenzo Reyes: No, este ya no es su hogar. ¡He decidido donar toda mi colección al Museo del Prado!

Vocabulario

la sonrisa smile
¡entrad, entrad! Come in, come! (from the verb *entrar*)
agradecido thankful
les iba a disparar was going to shoot them
donar to donate

93. LA DONACIÓN

Todos miran a Lorenzo Reyes desconcertados. Entran en la sala y, mientras saludan a Mariana Reyes, a Andrea y al resto del personal de la casa, le piden explicaciones.

Alicia: ¿Va a donar toda su colección? ¡Pero si usted ama su colección más que a nada en el mundo!

Lorenzo Reyes: ¡Exacto! Amo tanto a esa colección, que creo que lo mejor será que esté en un lugar donde reciba la mejor atención posible. En El Prado no solo tendrá el mejor cuidado, sino que además contará con la mejor seguridad. Evidentemente, eso es algo que yo no puedo dar a mis obras de arte. Además…. He tenido una seria charla con Mariana.

Mariana Reyes: Así es. Papá y yo hemos hablado y hemos decidido que pasamos demasiado tiempo pensando en nuestras colecciones. Deberíamos pasar más tiempo juntos, por lo que hemos decidido donarlas.

Nuria: ¿Tú también donarás tu colección, Mariana?

Mariana Reyes: ¡Sí! Solo me quedaré con algunos tebeos para leer de tanto en tanto, pero los más antiguos los llevaré al Museo ABC, donde tienen una importante colección de cómics.

Detective Sánchez: Creo que es muy desinteresado de vuestra parte hacer esto.

Lorenzo Reyes: Después de todo lo que ha sucedido, consideramos que será lo mejor.

Vocabulario

desconcertados disconcerted / confused
el personal staff
mejor cuidado better care
desinteresado unselfish

94. LA RECOMPENSA

Marta y Jacinto llegan a la sala con café para todos. Entonces, Nuria y Alicia cuentan a Lorenzo Reina con detalle todo lo que ha sucedido desde la última vez que han estado en la casa. Pepe, orgulloso, cuenta su participación al final de la historia. Lorenzo Reyes espera pacientemente hasta que terminen con el relato, para hacer un anuncio.

Lorenzo Reyes: Ahora, sé que me dirán que no, pero quiero decir algo. Había anunciado una recompensa de mil euros pero creo que es demasiado poco… Por el valor de las obras y por todo lo que habéis hecho, creo que corresponde una recompensa de ¡cinco mil euros a cada uno! Incluyendo a Pepe, el héroe del último minuto.

Alicia: ¡Claro que diremos que no!

Nuria: No queremos ninguna recompensa, señor Reyes.

Pepe: ¡Yo encantado! Al fin podré comprar a mi hijo una bicicleta nueva. ¡Quizá algún día me podré comprar mi propio taxi.

Alicia: Puede darle nuestra parte a Pepe, señor Reyes. ¡Nos ha salvado la vida! Y su hijito lo agradecerá.

Lorenzo Reyes: Bien, me parece bien. Pero al menos dejadme daros otra cosa.

Nuria: ¿No es dinero?

Lorenzo Reyes: No, no es dinero… es una sorpresa. Os la daré en una semana, en el Museo del Prado.

Vocabulario

pacientemente patiently
el relato story
mi propio my own
dejadme daros let me give you (all)
la sorpresa surprise

95. LA INAUGURACIÓN

Una semana después, Alicia y Nuria asisten a la inauguración formal de la nueva sala Reyes del Museo del Prado. Este nuevo recinto será donde se exhibirá al público la colección de Lorenzo Reyes. Las muchachas, que han pasado la última semana descansando en el hotel, están vestidas muy formales, con largos vestidos de fiesta. En la sala hay camareros ofreciendo copas de vino y pinchos. Las obras de la colección de Lorenzo Reyes están dispuestas por toda la sala. En el muro más importante, y con una iluminación protagónica, están los dibujos de Goya.

Nuria: ¡Pepe! Has venido.

Pepe: ¡Sí! Claro. No me perdería esto por nada. Este es Ali, mi hijo.

Alicia: ¡Hola, Ali! ¿Ya te ha contado tu padre cómo nos ha salvado la vida?

Ali: ¿¡Era cierto!? Pensé que me estaba inventando una historia.

Nuria: Claro que no. ¡Tu padre es un héroe!

Detective Sánchez: ¡Muchachas! ¡Habéis llegado!

Alicia: ¡Detective Sánchez! No podría haberla reconocido con ese vestido.

Detective Sánchez: Jajaja, hoy tengo el día libre, podéis llamarme Agustina.

Vocabulario

el recinto enclosure
exhibir to exhibite / to display
estár vestidas to be dressed
los pinchos appetizers
protagónica leading / central

96. LA OFERTA

En ese momento, Lorenzo Reyes llega a la sala, acompañado de una mujer. Se dirige directamente a donde están ellos.

Lorenzo Reyes: ¡Hola a todos! Detective Sánchez, ¿cómo está? Pepe, ¿ya te has comprado el coche nuevo? A que es rápido, ¿no? ¡Muchachas!

Alicia: ¡Hola, Lorenzo! Se te ve contento.

Lorenzo Reyes: Claro que sí, ¡mirad cómo están mis obras! Nunca habían estado rodeadas de tanta gente, con tanta vida a su alrededor. En fin…. Tengo alguien a quien presentarles. Esta es Amelia, la directora del museo.

Amelia: ¡Hola a todos!

Lorenzo Reyes: Amelia, tengo alguien muy especial a quien presentarte. Esta es Nuria, la muchacha de la que te he hablado.

Nuria: Hola, Amelia. Es un verdadero honor conocerla. Por supuesto que sé quién es, he leído todos sus artículos sobre museología.

Amelia: No me sorprende, ya que Lorenzo me dice que eres muy estudiosa y muy profesional.

Nuria: Bueno, no lo sé, realmente.

Amelia: Estoy segura de que lo eres, ya que también he llamado a tu universidad y me han dicho que te has graduado con honores, ¡la mejor de la clase!

Nuria: ¿Ha llamado a mi universidad?

Amelia: ¡Claro! No contrataría a una nueva curadora para el museo sin antes comprobar su trayectoria académica. ¡Y tengo que decir que es impecable!

Nuria: ¿¡Yo, su nueva curadora?! Aquí, ¡¿en El Prado?!

Amelia: Claro, ¿quién mejor para encargarse de esta nueva sala?

Vocabulario

acompañado accompanied
se dirige directamente he goes straight
rodeadas surrounded
verdadero truly
la curadora curator

97. LA SEGUNDA OFERTA

Nuria llora de la emoción, ¡es el sueño de su vida! Alicia la abraza, contenta.

Alicia: Nuria, estoy tan feliz por ti. ¡Esto significa que vamos a vivir en Madrid! Podemos buscar un apartamento en el Barrio de Las Letras, ya que lo conocemos tan bien.

Lorenzo Reyes: ¿Y tú ya sabes qué quieres hacer aquí, Alicia?

Alicia: Claro, lo mismo de siempre: ¡escribir! Quiero escribir la historia del robo, creo que será una excelente trama policial.

Lorenzo Reyes: Me alegra mucho que digas eso, porque es justo lo que tenía en mente.

Alicia: ¿A qué se refiere?

Lorenzo Reyes: Hace un par de días llamé a mi buen amigo Tomás Rodríguez, de la editorial Raymond.

Alicia: ¡¿Editorial Raymond?! Es mi editorial de policiales preferida.

Lorenzo Reyes: Claro, son los mejores. Tomás es un buen amigo mío. En fin, le he contado sobre el robo y él también cree que es buen material para una novela. Pero estamos preocupados…

Alicia: ¿Por qué?

Lorenzo Reyes: Pues, porque no sabemos quién puede escribirla…. ¡Un momento! ¿Qué hay de ti?

Alicia: ¿Habla en serio? ¿Escribir una novela para la Editorial Raymond? ¡Es mi sueño!

Lorenzo Reyes: Bien, porque quieren firmar un contrato. Tomás te espera mañana a las diez en su oficina.

Nuria: ¡ALICIA, ALICIA! ¿Estás bien? ¡Se ha desmayado!

Vocabulario

el sueño dream
abrazar to hugs
¿A qué se refiere? What do you mean?
la editorial publisher
el contrato contract

98. EL DISCURSO DE LORENZO REYES

Alicia se recupera rápidamente, no puede creer lo que Lorenzo le ha conseguido. Ambas están como en un sueño. En ese momento, Lorenzo Reyes golpea su copa para llamar la atención de todo el mundo.

Lorenzo Reyes: Amigos, colegas. Quiero proponer un brindis. Deseo brindar, en primer lugar, por el arte. Estas obras que véis a vuestro alrededor me han dado mucha felicidad durante muchos años. Ahora, es mi profundo deseo que den felicidad a todas las personas que deseen verlas en el Museo del Prado. Quiero agradecer a Amelia, por abrir las puertas del museo a mi donación y por darle un espacio tan cálido. Pero, sobre todo, quiero agradecer a cuatro personas sin las cuales esos tres dibujos de Goya no estarían aquí. Se trata de la detective Sánchez, Pepe, Alicia y Nuria. ¡Un brindis por todos ellos! ¡Salud!

Vocabulario

le ha conseguido has gotten for her (from the verb *conseguir*)
proponer un brindis to make a toast
el profundo deseo deepest desire
cálido warm
¡Salud! Cheers! / To health!

99. EL MAPA

Todo el mundo brinda y aplaude. Las muchachas se miran a los ojos y chocan sus copas por su nueva vida en Madrid. Están realmente emocionadas por todo lo que tienen por delante. Entonces, se acerca un camarero con un trozo de papel.

Camarero: ¿Vosotras sois Alicia y Nuria? Tengo un mensaje para vosotras.

Nuria: ¿Qué es esto? ¿Qué dice?

Alicia: Dice "Seguid el mapa hasta la X". Luego hay un plano de museo con un camino marcado desde donde estamos hasta una pequeña habitación donde hay una X.

Nuria: ¿Qué dices? ¿Estás lista para seguir pistas nuevamente? ¿Resolver un nuevo misterio?

Alicia: No creo que sea un misterio, creo que sé perfectamente de quién se trata….

Nuria: Vamos, entonces.

Pepe: ¡Ey! ¿A dónde vais?

Alicia: En un momento volvemos.

Pepe: No os metáis en problemas, que no estaré ahí para salvarlas.

Alicia: ¡Entendido!

Vocabulario

por todo lo que tienen por delante for everything that lies ahead
seguid follow (from the verb *seguir*)
no os metáis en problemas don't get yourselves into trouble

100. UN INVITADO ESPECIAL

Las muchachas siguen el mapa del museo como lo indica la nota: suben las primeras escaleras, doblan a la derecha, entran en la primera puerta de la izquierda, suben una escalerilla y llegan a una pequeña habitación.

Nuria: ¡Es el hombre del sombrero!

Adam: Podéis llamarme Adam, ¡ese es mi nombre!

Alicia: Hola, Adam. Me preguntaba cuándo te veríamos nuevamente.

Adam: No era mi intención sacaros de la fiesta, pero quería felicitaros por haber resuelto el misterio, ¡y por sus nuevos empleos!

Nuria: ¿Cómo sabes sobre eso?

Adam: En el Club de los Historiadores sabemos muchas cosas…. Por cierto, tengo el honor de entregaros esto.

Alicia: ¿Qué es esto?

Adam: Abrid los sobres. Encontraréis dentro dos invitaciones para ser miembros del Club de los Historiadores.

Nuria: Adam, sería un verdadero honor….

Alicia: ¿Significa que podremos ayudaros a resolver misterios?

Adam: ¡Exactamente! Os contactaremos cuando creamos que podemos precisar de vuestra ayuda. ¿Estáis interesadas?

Alicia y Nuria: ¡Claro que sí!

Adam: Sinceramente, me alegro mucho. ¡Ahora volved a la fiesta! Vuestros amigos os esperan. Y recordad, ¡no digáis a nadie sobre esto! Es un secreto.

Vocabulario

doblar to turn
las escalerillas steps
felicitar to congratulate
entregar to present / to deliver
precisar to need

101. LOS REYES

Cuando vuelven a la fiesta de inauguración, la detective Sánchez corre hacia ellas.

Detective Sánchez: Muchachas, ¿dónde estabais? ¡Hemos recibido una llamada hace unos minutos!

Alicia: ¿Qué ha sucedido? ¿Está todo bien?

Detective Sánchez: Sí, todo está perfecto. Es que… los reyes quieren agradeceros personalmente por haber recuperado las obras de Goya.

Nuria: Pero qué dices, si Lorenzo Reyes y Mariana Reyes ya nos han agradecido en persona miles de veces.

Detective Sánchez: No, ¡no los Reyes! Los *reyes*. Las esperan en el palacio….

Vocabulario

personalmente personally
ya nos han agradecido but they've already thanked us
los reyes the kings

FIN

THANKS FOR READING!

I hope you have enjoyed these stories and that your Spanish has improved as a result! A lot of hard work went into creating this book, and if you would like to support me, the best way to do so would be with an honest review of the book on the Amazon store. This helps other people find the book and lets them know what to expect.

To do this:

Visit: *http://www.amazon.com*

Click "Your Account" in the menu bar

Click "Your Orders" from the drop-down menu

Select this book from the list and leave an honest review!

Thank you for your support,

Olly Richards

MORE FROM OLLY

If you have enjoyed this book, you will love all the other free language learning content I publish each week on my blog and podcast: *I Will Teach You A Language*.

Blog: Study hacks and mind tools for independent language learners.

http://iwillteachyoualanguage.com

Podcast: I answer your language learning questions twice a week on the podcast.

http://iwillteachyoualanguage.com/itunes

YouTube: Videos, case studies, and language learning experiments.

https://www.youtube.com/ollyrichards

COURSES FROM OLLY RICHARDS

If you've enjoyed this book, you may be interested in Olly Richards' complete range of language courses, which employ his "Story Learning" method to help you reach fluency in your target language.

Critically acclaimed and popular among students, Olly's courses are available in multiple languages and for learners at different levels, from complete beginner to intermediate and advanced.

To find out more about these courses, follow the link below and select "Courses" from the menu bar:

https://www.iwillteachyoualanguage.com

"Olly's language-learning insights are right in line with the best of what we know from neuroscience and cognitive psychology about how to learn effectively. I love his work!"

Dr. Barbara Oakley,
Bestselling Author of "A Mind for Numbers"

Made in the USA
Middletown, DE
28 April 2021